Liah Greenfeld

Advanced Introduction to

ナショナリズム入門

リア・グリーンフェルド

小坂恵理［訳］ 張 彧暋［解説］

Nationalism

慶應義塾大学出版会

私が中国に目を向けるきっかけを提供してくれたすべての方々、特に2011年から2015年にかけて香港の嶺南大学で教鞭をとったときの教え子たちに、感謝をこめて本書を捧げる。

日本語版への序文

私の著書のひとつがようやく日本語に翻訳されたのは、光栄の至りだ。一九九〇年代末に日本の研究を始めてからずっと、私は日本人とその素晴らしい精神を賞賛してきた。不撓不屈で威厳があり、自信にあふれているが、決して出しゃばらない。活発ではあるが、適度に抑制されている。私はかねてより、そんな日本人を賞賛する気持ちを直接伝えたいと考えてきた。そして、今回の翻訳でその願いが実現した。

日本のおかげで、私は実在的経験の可能性に目を開かれた。これまで私は三つの異なる社会で暮らし、他にも多くの社会について研究してきたが、その経験を通じて馴染んだ考え方や感じ方が、日本にはまったく当てはまらない。前半生の四五年間に関わってきた文明は、どれも同じ枠組みのなかで共存していることを、日本の存在によって認識できるようになった。一方、私が中国文明と中国に特に興味を持つようになったのも、日本がきっかけだった。その結果、文明に関して大局的で科学的な概念が生み出された。さらに、文明のあいだの違いを比較する新しい視点のおかげで、私自身の（すなわち「西洋の」）文明を理解するヒントも発見した。それまでは西洋文明について適切に特徴づけることも、客観的に理解することもできなかった。

『資本主義の精神――ナショナリズムと経済成長』では、世界の先進国との比較という枠組みで日本についての研究を始めた。当時の日本は世界第二の経済大国だったから、著書に日本を含めるのは欠かせなかった。それまでに私は、すでにヨーロッパの主要国やアメリカにおけるナショナリズムの台頭について研究しており、ナショナリズムの発展に関する概念モデルを考案していた。具体的には、ナショナリズムを三つのタイプに分類した。個人としての市民を重視するタイプ、集団としての市民を重視するタイプ、集団としての民族を重視するタイプの三つだ。どれも政治的、社会的、文化的に独自の意味を持っている。この概念モデルは、研究対象となったヨーロッパ、南北アメリカ、中東、アフリカの国々のいずれにも当てはまることがわかった。

私はナショナリズムを定義するため、最初の五つのナショナリズムの誕生に関わった事例――イギリス人、フランス人、ロシア人、ドイツ人、アメリカ人――について理解するところから始め、そもそもの起源である一五世紀後半のイギリスの薔薇戦争の直後にまで歴史を遡った。戦場でプランタジネット朝の貴族がほぼ壊滅状態になった結果、厳密な階層型の封建制は崩壊した。その結果、人民とネーションから成る方程式（人民は下層階級、ネーションは最高のエリートと位置付けられた）のなかに、ナショナリズムという意識が入り込んだのだ。要するにナショナリズムは、ネーションに関する現実や、ネーションに対する意識についての認識であり、それが社会構造のなかで革命的とも言える過激な変化を引き起こした。一六世紀初め以来、「ネーション」という言葉は、このような変化を通じて出現した新しい構造について語るために専ら使われてきた。それが意味するのは、基本的に平等な構成員で構成され、包括的なアイデンティティを持つコミュニティである。かつての封建社会は厳密に階層化され、外からや上からの権力によって支配され、社会秩序は基本的に不平等で、階層間での交流はなく、それぞれの階層が排他的なアイデンティティを持っていたが、それに取って代わったのだ。かつての封建的な社会と特に対照的なのが、普及的主権と構成員の基本的な平等という原則で、これは新しい社会であるネーションを支える中心的な原則になった。今日の私たちは、これらの原則を民主主義と同一視する。しかし、民主主義はナショナリズムとして近代史に導入されたもので、しかも時期はずっと遅い（一九世紀）。具体的には、イギリス人／ブリテン人、アメリカ人、フランス人のネーションへの意識が概念化された後に抽象化され、普遍的な政治理論として形成されたものだ。この政治理論は、ナショナリズムが意味する社会のビジョンの反映に他ならない。

ナショナリズムの他の大きな特徴は、普及的主権ならびに構成員の基本的な平等の原則から論理的に派生している。なかでも特に重要なのが、ナショナル・アイデンティティに潜在する尊厳と競争心だ。普及的主権（コミュニティの構成員が自治に参加すること）や構成員の基本的な平等が実現すれば、ネーションの構成員の個人のアイデンティティには威厳が備わる。かつての階層化社会では、地位も価値もごく一部の上流階級のアイデンティティとしか関わりがなかったが、自分たちも仲間入りしたからだ。こうしてネーションの構成員としての尊厳が備わると、ネーション全体の尊厳を高めるため、すなわちネーションの名声を高め、他のネーションよりも際立つ存在になるため、ひたすら熱心に打ち込みたくなる。その結果、威信をかけた国際競争が絶え間なく引き起こされ、本質的に競争心の強い国家から成る世界が実現するのだ。

ネーション間の対立のすべて、すなわち、一六世紀にナショナリズムが台頭してからのすべての国際紛争は、基本的に尊厳を巡る競争に起因している。この競争は、国際関係全般の根底に存在し続けてきた。ナショナリズムが持つ魅力は、このような尊厳を誘発する資質に直接的な形で訴えた。ナショナリズムが当初、様々なエリート集団の独特の興味と結びついて広がったのも、そんな魅力の影響による。どの集団もナショナリズムの魅力に引き寄せられ、すでにナショナリズムが確立された地域（最初はイングランド、つぎはフランスなど）を見倣い、それぞれの事情に合わせて新しいナショナリズムのビジョンを社会に積極的に取り入れた。こうしてナショナリズムを積極的に取り入れた国は、定義上は、ナショナリズムが誕生した国の社会をモデルにした。そして、モデルの文化的優位性や先行開発といった要素を尊重し、手本として学習し、模倣したのである。ただし模倣しても、同じように文化的に優れた社会になるのは容易ではなく、短期間での実現は不可能であることがわかった。その結果、うまくいかない国のなかでは文化的な劣等感が生まれ、見倣ったモデルと対等になるまでの時間が長いほど、深くなっていった。そして根深い劣等感が長続きすると、ルサンチマンにまで発展した。**ルサンチマン**とは、自分を優れた存在と比較して嫉妬を募らせ、常に強い屈辱感を抱くことをいう。そのため文化的な発展が遅れている社会では、ナショナリズムの形成過程でルサンチマンが心理的メカニズムの中心になった。ルサンチマンをなだめるには、優れた相手に屈辱を与えるしかない。そしてほとんどのケースでは、モデルにした社会から**取り入れた価値**（ナショナリズムの原則）の見直しという象徴的な形がとられた。こうした価値は間違っているか、強い悪意が込められていると解釈し、モデルを反モデルとして定義し直すのだ。このような怒りを原動力とする評価の見直しからは、近代の政治イデオロギーの大半が生み出された。社会主義や共産主義やファシズムは、階級の不平等が（確立された）点を強調し、フェミニズムなどアイデンティティ・ポリティックスのプラットフォームでは、生得的（物理的、文化的）アイデンティティの不平等が強調される。そして特に目に余るケース、具体的にはユダヤ人の存在そのものをうらやむケース（ホロコースト）では、文化の優位性を妬む相手に屈辱を与えるため、拷問や集団殺人が行なわれた。

欧米やアフリカや中東で形成されたナショナリズムの大半で、ルサンチマンは中核的な要因だった。原則としてルサンチマンは、集団としての個人や民族としての個人を重視するタイプのナショナリズムで発生する。あらゆるナショナリズムと同様、必然的に民主主義から生み出されるが、リベラルな民主主義ではなく、独裁主義的な民主主義である。実際、二〇世紀の大きなイデオロギーの対立は、独裁的な民主主義とリベラルな民主主義の対立だった。ただし欧米では、「民主主義」という用語は対立の一方の当事者――西側――だけに使われた。もう一方の当事者、すなわちルサンチマンを土台として、集団や民族としての個人を重視するナショナリズムは、一般的に外国人への嫌悪が激しく、攻撃的で、個人を尊重する気持ちが欠如している。そして「人間としての」権利を声高に擁護するが、それは集団としての権利に限られ、通常は生物学的に構成される集団（人種、性別など）を意味する。

私が日本のナショナリズムの研究を始めたときに最も驚かされた特徴は、ルサンチマンの欠如だった。日本では一八五三年、脅迫に屈する形でナショナリズムが導入された。マシュー・ペリー提督の「黒船」が来航し、ほどなく他の国の軍艦も西の地域にやって来た。当時の日本には、戦える武器は刀しかなかった。一六世紀末から、鉄砲の使用が規制されていたからで、列強から提供されたものを拒める立場ではなかった。ただし、列強は日本を露骨に脅したが、他のものも無意識に提供した。要するに、それ以前にナショナリズムが広がった社会では、先住民の代理人（最初のナショナリスト）がナショナリズムを積極的に受け入れ、西洋の国をモデルとして見倣ったが、対照的に日本にとって、ナショナリズムは明らかに迷惑な押し売りだった。こうした状況が独特の心理的力学に加わった結果、日本で発達したナショナリズムの特徴に必然的に影響を与えたのだ。日本は乱暴に脅され、鎖国状態から無理やり引きずり出され、耐え難い「不平等条約」の受け入れという屈辱を味わった。集団としての尊厳は大きく傷つけられた。ナショナリズムのモデルは選んだものではなく、無理やり押し付けられたのだから、それに対して憤る感情は十分に正当化される。ところが、ルサンチマンはまったく存在しなかった。むしろ日本は憤慨しながらも教訓を学び、利益を得ようとした。ナショナリズムが広がったケースは後にも先にも数多いが、それと比べて驚くほど合理的な反応を示した。

日本が置かれた状況では、西洋の侵略者たちの政治への攻撃的な姿勢を自分たちも採用し、技術を受け入れて発展させないかぎり、尊厳や生活様式を守ることはできなかった。強い意志を外の世界に示すためには、国内の社会的関係を徹底的に再編する必要があった。何よりも求められるのは、ナショナリズムを支える民主主義の原則、すなわち構成員の基本的な平等と普及的主権だった。そして明らかに他の国と同様、これらの原則に関しては、ナショナリズムが導入される以前の土着の文化にしたがって解釈し直され採用された。しかしナショナリズムが導入される以前の日本の文化は、以前に導入した他の国の文化とも、ナショナリズムが誕生した国の文化とも、大きく異なっていた。日本はナショナリズムに転向しなかった。ネーション意識に関する現実のビジョンや、そのなかで育まれた従来のアイデンティティを放棄して、ひとつの包括的なナショナル・アイデンティティを創造したわけではない。むしろ、以前から存在している意識やアイデンティティに、新しい要素を加えたのである。これは日本のナショナリズムの初期のモットー、すなわち「和魂洋才」という姿勢に反映されている。その結果、日本のナショナリズムは確実に、国内の平等を大切にしなかった。大切なのは、他の国との関係の平等を確保することだった。したがって構成員の基本的平等は、日本の尊厳を守る国家プロジェクトに対し、すべての構成員が平等に参加することとして解釈された。こうして集団としての尊厳に最重要課題として取り組んだ事情を理解すれば、国際舞台での日本の強烈な競争心にも納得できる。

日本は学習能力に優れ、あっという間に学んだ。ナショナリズムが導入されてから一五年以内に、ネーション意識について明確に理解して、それを表現するための語彙を充実させた。新しい概念は、西洋の観念の本質を的確にとらえた。対照的に、これらの観念は誕生の地では、しばしば本質は曖昧にされた。歴史的な理由から、語源の明確な表現は避けられたのだ。さらに二〇年もすると、まだ世代の交代がすまないうちに、日本はネーションとして世界の舞台に登場した。経済力や軍事力を巡って西洋の主要国家が展開するレースに、手ごわい競争相手として参加するようになった。国土が狭く、天然資源が乏しいにもかかわらず、アメリカが本格的に競争に参入する以前に先乗りしていたことは、特に注目に値する。

魔神が瓶から現れた。アメリカ人はあまりにも性急で、行動する前にじっくり考えられず、大きな力を解放——実際のところ創造——してしまった。しかも、この力は制御不能だった。それでも根が単純なアメリカ人は、その責任を忘れた。そして一九四一年の末に日本人が真珠湾を攻撃すると、根拠のない蛮行だと本気で信じ、全責任を日本のナショナリズムに押し付けた。しかし、そもそも日本のナショナリズムは誰の責任なのか。日本は世界から干渉されないことだけを望んでいた。ところがアメリカは一八五三年に土足で踏み込んで屈辱を与えた。当時誰かがそれに気づいていたとしても、一九四一年に攻撃を受ける頃には、自分たちが共犯者である事実をみんながすっかり忘れていた。アメリカは建国から日が浅い。だから過去を一〇〇〇年単位で考える国民には共感できず、挑発行為に対抗するまで八八年間も根気強く待ち続けるなど信じられなかった。しかしこの時代に日本は一貫して、西洋から学ぶことに専念した。

日本のナショナリズムが形成され、表現されるようになった背景にある心理的力学は、〔近代〕日本の以前や以後、そして〔近代〕中国以前に誕生したナショナリズムのほとんどのケースと大きく異なる。私はかつて、ナショナリズムの性質や影響が、構成要素（普及的主権、構成員の基本的平等、包括的アイデンティティ、尊厳、競争心）と、ナショナリズム形成のプロセスのあいだの相互関係に左右されると考えていた。しかし他にも、ナショナリズムが形成される以前から存在していた文化の実存的な特徴——思考や感情の基本的な様式、人生を経験する様式——にも左右されることを、日本のケースから認識するようになった。私はこれまでの研究を通じ、人生そのものに関する経験が異なる二種類の文化について学んだ。ひとつは自分が所属するヨーロッパ、アメリカ、中東、アフリカの文化。もうひとつは日本を通じて学んだ中国文化だ。このふたつの文化的枠組みは、どちらも人口が多い。そしてひとつの存在として統一されているが、内部は多くの自律的な文化で構成されており、様々な特色が組み合わされている。こうした状況を正当に評価するためには、文化よりも文明という言葉がふさわしい。すなわち、ふたつの枠組みは別個の**文明**（civilizations）である。文明については以前から語られてきたが、適切に定義されず、文明以外の文化的枠組みと論理的に区別されなかった。しかし、日本や周辺の国のナショナリズムが並列して存在することを知ったうえで、二種類の文明を比較してみると、文明の定義や特徴が明確になった。さらに、ふたつの文明の比較を通じ、いわゆる「西洋」文明についてようやく理解できるようにもなった。西洋文明とは、ヨーロッパ、南北アメリカ、中東、アフリカから成る文化的コミュニティであり、一神教に基づき、キリスト教やイスラム教を基盤とする文化集団として明確な形でひとつに統一されている。しかし大体は集団に統一感がなく、衝突を繰り返す文明とみなしてよい。

日本にルサンチマンが欠如していることからは、中国文明と一神教文明の根本的な違いに注目しないわけにはいかない。中国文明の内部では、あらゆる自治的アイデンティティ（すなわち中国、日本、香港、南北朝鮮）が本質的に——完全ではないが——自立している。一方、西洋文明の枠組みのなかでは、ひとつの例外（ユダヤ人）を除き、すべての自治的アイデンティティが本質的に自立できず、自分を相手と比較する一方、相手から認めてもらう必要がある。文明は、文化的プロセスの頂点である。文化の外層であり、その下や内側のすべての層やレベルに影響をおよぼす。そして内部で積み重なる層は、あらゆる文化的プロセスにまたがっている。自立的な構成単位——ネーションなど——の特徴的な文化を通じ、あるいは厳格な階層組織の下位に属する文化や制度を通じ、歴史的起源や宗教的伝統や言語を共有する社会集団を結束させる文化だけでなく、文化の深層、すなわち心のなかで個人に合わせて進行するプロセスも含め、広い範囲を網羅している。したがって文明は、最も耐久性に優れた継続的なプロセスである。この継続性は、（最初に）文明の原則が書き言葉でコード化された後、多くの世代にわたって広い地域に一貫して伝えられ、その結果として生み出されたものだ。誕生の地でコード化された原則を受け入れた結果、文明はお互いに区別され、外部から完全に独立した（枠組みが）出来上がり、お互いに関係を持たず無関心になったのである。文明の内部に存在する複数の自立的な文化と異なり、文明同士は衝突しない。最初に出来上がった文明の原則のおかげで、他の文明に影響を与えようとする衝動は抑えられ、文明の外から文化が定期的に伝搬するプロセスが妨げられる。その一方で文明は、文明の枠組みを持たない文化（すなわち、最初の原則が地域独特の形でコード化され採用されない文化）を、まるで磁石のような魅力で引き寄せる。文明のなかでコード化された原則は、原則を持たない集団のなかでいとも簡単に普及する。したがって軍事的に優れた集団が征服に成功しても、その集団を支える文化が「文明化されていなければ」、征服した地域の「文明化された」文化に吸収されてしまう。

これは、まさにローマ帝国とユダヤのケースに当てはまる。ローマは小さなユダヤを容赦なく征服し（鎮圧はしなかった）、属州として支配した。生き残ったユダヤ人が各地に散らばると、その最終的な結果として、ひとりの神を信じるユダヤ人独特の宗教——一神教——が広がり、その第一原理が剽《ひょう》窃《せっ》された。紀元前六世紀に編集されたヘブライ語聖書のなかにコード化された原理は、キリスト教という形でギリシャ・ローマの世界全体に広がった。ユダヤ人の信仰を受け入れたキリスト教徒——後にはイスラム教徒——は、ユダヤ人が最初に神に愛されたという点に異常にこだわった。そのため、一神教文明のなかでは経験に基づく嫉妬が重要な心理的力学として作用し、集団のなかでは、反ユダヤ主義が最も根深い姿勢として確立されたのである。唯一の神のもとでひとつの世界が一貫性のある形で組織されるという一神教の観念に込められた原理には矛盾がない。そんな原理に基づいた論理は、質の面よりも量の面での比較を促した。一神教文明のなかで共通の基準が採用された結果、(自分にとっても他人にとっても)優れているような社会と劣っているような社会、他よりも良く見える社会と悪く見える社会が必然的に生まれた。すると、どう見ても優位な社会と同じようになりたいと願う社会が出てくるのも、ほぼ平等な社会同士が優越性を主張して絶えず争うのも、避けられない展開になる。キリスト教とイスラム教のあいだで衝突が継続し、キリスト教やイスラム教の内部で権力の興亡が繰り返されること。さらにナショナリズムを受け入れた文化にはルサンチマンの傾向が強く、劣等意識を持つことは、どれもいま紹介したような形で組み込まれた特徴に由来するのだ。

ナショナリズムは、自分が所属する地政学的集団の相対的地位を重視する人たちの数を増やした。数百万人の個人のアイデンティティを尊重し、個人の尊厳の確立を集団の尊厳に依存させた結果、こうした思いは強化された。そうなると数百万の人々は、自分のコミュニティの評判に個人的に関心を持つようになり、自分が所属しないコミュニティのほうが明らかに優れていれば、同じようになりたいと願い、同じようになれなければ不満を募らせる。そこから、ルサンチマンの力学は働きだす。しかし日本は、西洋のようになりたいとは思わなかった。エリート層は、日本が別の存在になることを決して望まなかった。日本はアイデンティティに関して、完全に自立しているわけではない。中国の文明圏に文化的に組み込まれていることを否定しないが、経験に基づく羨望の制約をいっさい受けない。中国が優先している事実を認めながらも、自分たちの優秀さを確信している。

私は日本の経験から多くを学んだ。日本人は控えめで我慢強く、自信にあふれ、他人に自分を強く印象付ける必要がない。それを学んだ結果、従来とはまったく異なる世界に目が開かれただけでなく、自分が所属する世界を客観的に理解して評価できるようにもなった。私はまだ日本を訪れたことがないが、この気高い国は私の人生で非常に重要な位置を占めるようになった。日本を賞賛する気持ちが、この序文によって伝わることを願ってやまない。

まえがき

本書は、ナショナリズムを経験的現象として研究するための上級入門書である。その目的はナショナリズムの最も重要な側面や機能や関連性に焦点を絞ることで、一読したあとは、皆さん自身で詳しく研究を進めることも可能だ。本書が特に重点を置いているのが、ナショナリズムと**モダニティ**との関連性である。モダニティは現代の政治や社会や経済を支える中心的要素から成り立ち、具体的には**民主主義**（democracy）、**階層構造**（class structure）、**国家**（state）と**市民社会**（civil society）、**資本主義**（capitalism）、**科学**の制度（institution of science）、**世俗化**（secularization）や**グローバル化**（globalization）のプロセス、近現代特有の情熱や現実感（sense of reality）や自意識（sense of self）などが含まれる。

本書は本文を一読できるように構成されているが、関連項目（アイデンティティ全般、愛国主義など）についての詳しい解説をところどころに挿入した。これをそのまま読んでいくと、本文の流れが中断されてしまう。ＢＯＸの解説は注として目を通すか、本文とは切り離して読むことをお勧めする。

本書の考察は一貫して比較史的研究に基づいており、多くの社会の経験を取り上げ、多彩な問題を掘り下げている。過去の重要な出来事（たとえばフランス革命や冷戦）も、現代のニュースで大きく取り上げられる話題（政治的イスラム、「一匹狼型《ローンウルフ》テロ」、中国の台頭など）も含まれる。本書でこれらの問題を共通の枠組みに収めたのは、一通り注目すれば、将来の実証研究を良い方向に進めるために役立つと考えたからだ。そして本書では、よく使われる概念の一部——**社会制度や制度化、革命、イデオロギー**など——について解説する一方、私のオリジナルの概念——**近代政治の二重らせん**（double-helix of modern politics）としてのナショナリズム、ナショナリズムのグローバル化、**尊厳資本**（dignity capital）、**尊厳指数**（dignity quotient）——についても紹介する。いずれもナショナリズムの比較分析に大いに役に立つはずだ。

巻末の短い文献目録には、本文で引用した二次的著作物が紹介されている。本書のあらゆるトピックに関する一次資料を含む広範な文献目録は、私の以下の三部作に掲載されている。『ナショナリズム：モダニティに至る五つの道（*Nationalism: Five Roads to Modernity*）』、『資本主義の精神：ナショナリズムと経済成長（*The Spirit of Capitalism: Nationalism and Economic Growth*）』、『精神、モダニティ、狂気：人間の経験におよぼす文化の影響（*Mind, Modernity, Madness: The Impact of Culture on Human Experience*）』（ハーバード大学出版会、一九九二年、二〇〇一年、二〇一三年）。

目次

BOXリスト

凡例

- 訳注は、本文中に〔 〕内で示した。
- 原著のイタリック表現は、基本的にゴチック体で表現したが、引用文中は傍点にした。
- 引用文献については、邦訳のあるものは参照しつつも、基本的に著者が使用した英訳を翻訳した。
- 「state」は主に「ステート」としたが、文脈に応じて「国家」とした。
- 他の訳語については、本文中に示した原語か、あるいは索引を参照されたい。
- 読者の便宜を考慮して、各章に小見出しを適宜追加した。

第1章

序論——ナショナリズムとモダニティ

ナショナリズムは、私たちの時代の最も重要な社会的・政治的現象である。モダニティの文化的枠組みであり、それゆえ近代特有の社会的、政治的、経済的、個人的経験のすべてがナショナリズムによって規定される。要するに男女を問わず、近代に生きる私たちの生き方が規定される。

近代の経験

近代の経験と、それ以外の時代の人間の経験を区別するものは何だろう。モダニティが同時代性(contemporaneity)の単なる同義語ではなく（同時代性という意味では、今日発生している出来事のすべては現代として定義されるが、何年か前の出来事のすべてはもはや現代とは定義されない）、特定のタイプの文化や社会や政治を指すようになった背景には何があったのか。まずは、最も顕著な特徴から始めたい。最初に紹介するのは、政治文化における平等（equality）と自由（liberty）と普及的主権（popular sovereignty）である。

私たちの生活はあらゆる領域において、コアとなる社会制度——特に社会階層制度（system of social stratification）——によって社会的関係を制約されるが、これらの制度のなかには平等、自由、普及的主権の価値観が反映されている。平等主義に基づいた社会ならば、階層が存在しないわけでも、格差が存在しないわけでもない。階層はあらゆる社会に存在する。なぜなら実際のところ、すべての男性（そして女性）が平等に創造されているわけではない。ところが現代に生きる私たちのなかでは、すべての人間は生まれながらに平等だという根拠のない確信が経験に基づいて定着したため、従来の階層制度とは大きく異なる形が出来上がった。それは硬直的・閉鎖的な制度とは対照的な流動的・開放的な制度で、社会的流動性を大きな特徴とする。閉鎖的な社会階層制度とは異なり、階級制度と呼ばれる現代の社会制度においては、家族ではなく個人に地位が与えられる。現代では、地位の拠りどころとなる富や教育は実力によって勝ち取るものであり、したがって譲渡可能だ。生まれや血縁関係に基づいて地位が厳密に規定された社会階層制度では帰属関係が明確で、関係を持たない家族間では地位を譲渡できないのとは対照的だ。このような現代の階層制度特有の政治的な価値観や特徴は、ナショナリズムと直接的な関連性があるだけでなく、このあと解説していくが、論理的にもナショナリズムに由来している。

現代のふたつの主な政治制度、すなわち国家（state）と市民社会もやはり、平等、自由、普及的主権という価値観との関連性があり、しかもナショナリズムと論理的につながっている。今日の私たちは、「国家」と「政府」を同義語として使う傾向がある。しかし、政府が「国家」を意味するようになったのはナショナリズムが台頭してからのことで（理由についてはあとから説明する）、新しい形態の政府を表現するために国家は新たな政治用語として加えられた。たとえば、個人が統治する王国とは対照的に、国家は特定の個人が統治するわけではない。国家の政府は常に役人によって運営され、普及的主権を代表する存在であり、本質的に代議政治（representative government）が採用されている。

まだ考察は始まったばかりだが、すでに暫定的に重要な結論に達することができる。すなわち、現代の階層制度に象徴される基本的な平等主義と、国家政府に象徴される普及的主権の原則を組み合わせるなら、モダニティには民主主義という意味が込められており、現代社会はおしなべて民主社会だという結論が導き出される。私たちは民主主義（人民の、人民のための、人民による政府）を自由民主主義と同一視することに慣れている。したがって、本書の読者が最も多いと思われる自由民主主義社会では、いまのような指摘は意外で信じがたいかもしれない。しかし自由民主主義は、民主主義の形態のひとつにすぎない。実際、政治的言説で使われる語彙のなかには、「社会民主主義」「社会主義的民主主義」「大衆民主主義」といった表現も含まれる。自由民主主義とは特に、個人の権利を守る制度のもとで実践される民主主義のことを指す。一方で民主主義――人民の、人民のための、人民による政府――は、集団的個人（collective individual）として定義される人民の権利を強調する制度のもとでも実践可能だ。集団主義的民主主義も、個人主義的民主主義や自由民主主義と同様、間違いなく民主主義である。しかし同時に、多くの点で確実に大きく異なり、言うなれば権威主義的な形態の民主主義である。このふたつの形態の民主主義を、当事者は常に明確に区別できるわけではない。特に伝統的な自由民主主義社会では、権威主義的民主主義もまた民主主義であり、権威主義の対極にあるのは民主主義ではなく、共同体の個人のあいだで権力が分散される古典的な自由主義だという事実が見失われてしまう。さらに、個人の権利に代わって集団の権利を重視する社会に移行すると、自由民主主義と権威主義的民主主義の区別はさらに曖昧になるが、結果的には自由な制度の代わりに権威主義的な制度が誕生しやすいという事実も見えにくい。ソ連崩壊後、ヨーロッパや北米の伝統的な自由民主主義国家の一部で展開された政治的議論では、かつての冷戦の敵国のあいだに個人主義的自由主義を定着させることが大きくクローズアップされたが、そこからも、実際に対立するのは自由主義と権威主義だと考えてよい。

ナショナリズムとふたつのイデオロギー

以上の指摘の必然的帰結として、冷戦時代に対立した自由主義と共産主義というふたつのイデオロギーは、現代民主主義のイデオロギーの表と裏のような関係だという結論が導き出される。冷戦当時の政治的議論では、共産主義はしばしば**全体主義**（totalitarianism）と呼ばれ、個人の自由を大きく抑圧する権威主義の現代版とみなされた。ただしソ連の共産主義と社会主義の違いは、国際性の有無だけしかない。実際、ドイツの国民社会主義は全体主義イデオロギーの典型的事例であり、ソ連崩壊の五〇年前には、全体主義に関する主な論評で盛んに取り上げられる政治的慣行だった。そして、国民社会主義がナショナリズムの一形態であることは言うまでもない。そこからは、現代の政治的（民主的）イデオロギーのすべてはナショナリズムとの関連性があり、ナショナリズムを反映していることが暗示される。

権威主義（authoritarianism）という言葉で認識される権威主義的民主主義と自由民主主義の大きな違いは、国家の枠組みの外で政治活動が許容される可能性と、民主主義のもとでの市民社会の成熟の度合いだ。硬直的な社会階層や個人支配を支える価値観とは対照的に、平等や普及的主権という価値観は、必然的に国民を政治プロセスに関わらせる。自由主義か権威主義かにかかわらず、現代のすべての社会では、あらゆる社会階層の人々が選挙（組織主導かもしれないが）や国民投票に参加して、政治指導者になる可能性を持っている。このような参加形態は国家の中でつながり、支えられている。しかし自由民主主義ではそのほかに、国家と関係のない政治活動が広く奨励され、国家と対立するケースもめずらしくない。そのため国家に協力的な活動だけでなく、敵対的な活動もあり得る。市民社会でのこうした活動の一例が、アメリカ建国期のニューイングランドで発達した直接民主主義のタウンミーティングである。ほかには一九六〇年代のアメリカの公民権運動、今日の欧米社会で進行するフェミニストやＬＧＢＴ（レスビアン、ゲイ、バイセクシャル、トランスジェンダー）運動、カタロニア、ケベック、スコットランドの独立運動などの事例がある。権威主義的民主主義も民主主義であるからには、必然的にこれらの運動を奨励するが、国民が政治的エネルギーを発散できるはけ口はきわめて限定される。自由民主主義ではエネルギーが十分に発散されるため、概して集団的暴力が発生しにくい。対照的にエネルギーが抑圧される権威的民主主義においては、集団による暴動が定期的に発生し、まれには劇的な形で革命が勃発する。

革命は自然発生的な人民の反逆とも、ほぼエリートに限定される反乱（様々な形のクーデター、フロンドの乱など）ともかなり異なる。このふたつはどちらも現代社会で発生する可能性があり、歴史上めずらしい出来事ではない。これに対して革命は、物質的な欠乏や感情的な不満を直接表現するわけではない（感情的な不満を間接的に表現することはあるかもしれないが）。さらに、参加者や指導者の特定の関心事を追求するわけでも、特定の変化を提唱するわけでもない。むしろ革命は、社会や政治の秩序全体を一変させることを意識的に狙って組織されるもので、既存の秩序を違法とみなして破壊するところから始まる。革命においては、破壊的な目的を正当化し、新たに創造される合法的な秩序に枠組みを提供する明確なイデオロギーが原動力になり、具体的な事柄の決定は革命後の時代に先送りされる。革命においては、政治全体のなかでイデオロギーが中心的な役割を果たし、平等、自由、普及的主権の三つの価値観が常に中核に据えられる。あとから詳しく解説するが、このような意味での革命（すなわち、今日理解されている意味での革命）は、ナショナリズムという文化的枠組みのなかでのみ可能だ。世界で最初の革命は、一七八九年のフランス大革命だった。この入門書では、ナショナリズムがもたらしたモダニティの顕著な特徴を順番に紹介していくが、革命はその最後に取り上げる。

ナショナリズムと経済

ナショナリズムは政治の分野で特に重要だと信じられているが、実際のところ政治は、ナショナリズムが最も顕著な活動領域にすぎない。ほかにもナショナリズムは、近代のリアリティのあらゆる領域を土台から支えている。たとえば本書で政治のつぎに経済に注目するのは、ナショナリズムなくして近代経済はあり得ないからだ。歴史的偶然のおかげで一般には「資本主義」と呼ばれる近代経済は、**成長志向**が大きな特徴である。あらゆる伝統的な経済――今日まで残っているものも含む――と異なり、生存のために必要な最低限の生活を目標にはしない。伝統的な生存志向型経済は、マルサスがハサミの二枚の刃にたとえた需要と供給から成る循環的動態の影響を受けやすい。このような経済では、人口動態の対照的な傾向に応じて成長の時期と（絶対的な）衰退の時期が交互に訪れる。繁栄は当然ながら（すなわち、ほかのすべての条件が同じならば、合理的な人間は喜びを増やし、苦しみを減らしたがることを示唆する基本原則にしたがって）、生産量の減少と支出の増加につながり、その主な結果として、成人年齢まで生存する子どもの数が増える。つぎに人口が増えると蓄積された資源の消費量が増え、負荷のかかった経済は縮小する。すると今度は困難を解消するため、蓄えられていた資源が解放されて生産性が向上する。

生存志向型経済の参加者は合理的に行動し、生きるために働く。富の蓄積は上記目的を達成するための手段にすぎない。そうなると成長志向型の近代経済がなぜ登場したのか、簡単には説明できない。成長志向型経済には、合理性の原則がまったく当てはまらないのだ。一見したところ、富の蓄積が目的そのものであり、人びとは生きるために働くのではなく、働くために生きる。社会科学の関係者は誰でもよく知っているが、マックス・ウェーバーの『プロテスタンティズムの倫理と資本主義の精神』は一九〇五年に出版されてから一世紀以上経過した今日に至るまで、成長志向型経済の解明に最も積極的に取り組んでいる。ウェーバーが注目したのは利益の獲得や利益の増加に熱中する資本主義の非合理性で、それを近代文化史の問題として強調している。しかし、プロテスタントの神学者が資本主義を吹き込んだというウェーバーの有名な主張は、彼の資料と矛盾するだけでなく、本書でもあとから論じるオランダ共和国の重要な事例とも一致しない。実は、新たな経済的志向が生まれ、近代経済に論理的根拠が提供されたことは（あるいは生存志向型経済と同じような形で、富の蓄積が再び手段としてみなされることがなくなったのは）競争によって説明できる。なかでも重要なのは地位や名誉をめぐる国際的な競争で、ナショナリズムに必須の**競争心**（competitiveness）にはこれが内在している。実際、競争心は大事なキーワードである。私たちは自分よりも「競争心の強い」相手とのレースで負けないように自らを奮い立たせ、生産性を向上させイノベーションを進めていく。ナショナリズムを激しい競争に駆り立てているものの正体については、これから徐々に理解を深めてほしい。

科学と世俗化

現代社会の持続的な経済成長には**科学**の進歩が往々にして関わっているが、科学もまた、モダニティの顕著な特徴のひとつだ。科学のルーツは、いわゆる「**ミュトス**（神話）から**ロゴス**（理性）への転換」が実現した紀元前六世紀の小アジアにまで遡るが、これらのルーツが芽吹くまでにずいぶん長い時間を要したことでは異論がない。近代経済と同じく持続的成長が可能な近代科学は、一七世紀に入ってようやく登場した。最初に物理学が発達すると、それは無限の技術革新を促した。技術革新は、産業化というきわめて重要な経済プロセスの唯一の根拠ではないにしても、必要条件である。科学の分野で持続的成長が実現すれば、経験的現実（empirical reality）への理解は絶えず深まり、経験的現実を制御できるようにもなる。経済と同様に科学は、名誉を巡る国際競争の主戦場になった。ただしナショナリズムに内在する競争心は、科学という制度が誕生した原因のひとつにすぎない。ほかにもうひとつ、大事な特徴が関わっている。その必須の要素とは世俗主義だ。世俗主義によって科学は**世俗化**（secularization）と間接的に結びついているが、世俗化もまた、一般にはモダニティの顕著な特徴のリストに含まれる。

世俗化が進むと、通常は宗教が否定されるものだと解釈される。少なくとも、宗教が公的領域から除外され、政治と分離されると考えられる。しかし、それはどこでも当てはまるわけではないし、例外は数多く観察される。それなのに、宗教は聖域だという見解にとらわれていると（ほぼ常にそうである)、モダニティの性質を正確に理解することができない。そもそもナショナリズムが世俗的なのは、私たちの経験から成り立つ世界に焦点を絞り、そこに独自の意味を見出すからだ。存在を信じるか否かにかかわらず、超自然的な力の影響をまったく受けない。そのため、超自然的な力(一神教社会では神)は当然ながら、宗教が文化的枠組みを提供していた社会——古典古代社会、ヨーロッパをはじめとする封建社会など——で享受していた支配的な地位を奪われ、社会にとってほぼ不適切な存在に降格される。このような超自然的な力の衰退には、普及的主権という価値観が直接的に関わっている。生活を規制するための最高権力が共同体に付与された結果、他の行為主体(agencies)から最高権力が自動的に取り上げられたのだ。この意味での世俗化は、社会的・政治的世界の脱聖化(desacralization)(一般には、脱魔術化と呼ばれる現象)とはまったく異なり、むしろ現世の神聖化を暗示している。要するにナショナリズムが台頭すると、世俗的な世界そのもの、なかでも特に政治が、神聖な領域に変化するのだ。もはや神聖な領域を象徴する唯一の存在や主な存在ではなくなった宗教は、ネーションの性質を決定づける特徴のひとつとしてみなされ、政治的アイデンティティの一要素となり、実社会に神聖な要素を加える手段として積極的に利用される機会が増える。世俗化が進めば、宗教が否定され、政治から排除されるわけではない。宗教と政治の関係が逆転し、宗教は政治に従属し、新たな用途が与えられる。

同様に、ナショナリズムで世俗化が進むと自然界も神聖化され、経験的現実が歴史上はじめて、知識人の関心の中心を占める話題になった。こうして超自然的な力から経験的現実へと関心が移行した結果、科学という社会制度が誕生し、科学的知識を持続的に増やし、あるいは進歩させることが可能になった。科学が社会制度になると、科学的知識の追求はパターン化された継続的な活動になった。このパターンは、最初に目標を設定する時点で生み出される。その目標とは経験的現実の理解であり、歴史的にも地理的にも分散していた少数の個人の目標が、ナショナリズムの台頭によって社会的価値観のひとつになった。現代社会においては、世界に固有の意味――人の生に込められた意味も含まれる――を発見する作業が科学に委ねられる。そのため科学は事実上、私たちの時代の神学になった。私たちは実際の成果によって正当化される以上に（間違いなく多くの成果は正当化されるが）科学を重要な存在とみなし、全幅の信頼を置く。科学に道徳的な権威を与え、現代文化と科学的文化を同等に扱っている。

経験への影響

ここまで順番に紹介してきた特徴はすべて、近代社会をほかの社会と区別する特徴として一般に認識されているものばかりだ。ここから紹介する特徴には、そんなコンセンサスが当てはまらないが、少なくとも同程度に重要だと考えてほぼ間違いない。これらの特徴は、外側から見える公的領域には属さない。いずれも私的・内面的な領域での経験であり、感情や情熱、充足感や苦しみ、さらには精神の健康や病気といった分野が含まれる。いずれも人類の普遍的な特質とみなされ、歴史を通じて一貫して共有され、社会の価値観や信念、社会構造、政治制度、経済機構とは無関係に、どこでも同じ頻度で経験される可能性が高いと思われてきた。社会が異なれば人間の心も異なり、文化によって考え方も心に抱く感情も異なり、異なる物事から満足や苦しみが引き出されるとは容易に信じられない。

しかし、これは紛れもない真実であり、裏付けとなる証拠も存在する。ナショナリズムは、私たちの実存的経験に劇的な変化を引き起こしたのである。実際、近代以降の感情のレパートリーは、他の社会のレパートリーとは異なる。同様に、私たちを胸躍らせ、興奮させ苦悩させ、心をむしばむ病気の原因となる情熱も、近代以降に特有のものである。

たとえば、平等、自由、普及的主権という価値観や、ナショナリズムの世俗主義的傾向は、宇宙に対する個人の立場に変化を引き起こし、個人の生の価値や重要性を大きく増加させた。新しい文化的枠組みのなかでの個人の実存的経験は、死後の生命に注目する個人の経験とは完全に異なる。来世を信じる人は、人間の運命を決定する神の前で自分はまったく無意味な存在であることを絶えず意識し続ける。しかし、自分は自治権を持つ共同体のメンバーであり、すべてのメンバーと平等で、自分の生き方を自由に決断できることを意識すれば、自分は意味のある存在であり、完全な自己実現に値する存在だと評価するようになるはずだ。実際、こうした属性が社会によって共同体の行為主体――強力な潜在力を秘めた行為主体――に授けられると、自己の概念は全面的に見直され、経験（すなわち人間としての経験）や行動にも変化が生じる。

かつては、場所も時代もかけ離れた少数の個人が束の間だけ曖昧にしか感じなかった多くの感情が、いまや新しい経験の一部に加えられ、人間独特の感情として人生のなかで期待され、要求されるようになった（実際、私たちはこのような認識を持つようになったため、かつてこれらが人間の感情のレパートリーから欠落していた可能性があったとは容易に信じられない）。なかでもおそらく最も注目すべきは、今日理解されているような形の愛情だろう。この愛情は、ふたつの心の結合によって生み出される

（当然ながら、愛情は結婚という結果につながり、逆に結婚は、愛情に基づいているかぎり正統性のあるものとされる）。さらにこの愛情は、双方向的・排他的かつ唯一無二の永続的な関係である（これらの属性のひとつでも欠ければ、「真の」愛情ではない）。そして性行為を伴うか否かを問わず、すべての愛情表現は賞賛に値する。どんな外部の権力もこれを否定することはできないが、それは実際、愛情の力は他のいかなる権力にも勝るからだ。愛情は自己実現に至る王道になった。現代を象徴する感情には、自己実現への欲望すなわち願望（aspiration）も含まれ、名声や権力に対する野心（ambition）という形で最も顕著に表現される。意外なところでは、幸福という感情も含まれる。よく観察すると幸福は、自己実現の達成の自覚に他ならない。

しかし、どんな良いものもコストを伴う。愛情が芽生える可能性があれば、愛情に失望し、愛情を失う可能性も考えられる。富や名誉を熱望するなら、衝突を伴う競争を覚悟しなければならないし（残酷な言動に傷つくこともある）、欲求不満や嫉妬に悩まされる可能性もある（実際、このふたつは近代以降の支配的な情感［passion］として際立っている）。あるいは、自己実現の可能性があるなら、自己実現に失敗して不幸になる可能性もあるだろう。一方、近代以降に特有の形の苦しみも出現している。それは社会的不適応で、これに取りつかれると社会のなかで適切な場所やいっさいの居場所を見つけられず、疎外感に悩まされてしまう。男女を問わず、現代では実に大勢の人たちが社会的不適合を経験し、多くの人たちが常にその影におびえながら暮らしている。こうした少数派は増え続ける一方で、この容易ならざる状態が高じて精神疾患という臨床病理的なレベルに達すると、実際に肉体にも影響がおよぶ。今日では、この近代以降に特有の精神疾患は統合失調症や鬱病と呼ばれる。

ナショナリズムと芸術

『ナショナリズム入門』の序章をもっと明るい雰囲気で締めくくるため（そして、本書の冒頭で紹介したモダニティのきわめてポジティブな特徴を思い出してもらうために）、ここでもうひとつ、人間の生の価値向上に直接関連する非常に重要な社会制度――モダニティの顕著な特徴でもある――について触れておきたい。それは芸術である。芸術もまた、人間にとって普遍的な形質だと信じられているが、実はそうではない。芸術のまさに発祥の地と考えられている古代ギリシャにも存在しなかった。中国、インド、あるいは西洋の歴史でも一貫して存在しなかったし、盛期ルネサンスになってようやく登場した。

私たちは、芸術が人間のあらゆる文化に存在してきたと信じる傾向が強いが、それには、芸術という言葉の歴史が非常に古いことが大きな理由になっている。しかしこの言葉はなんと一六世紀まで、現代の私たちが芸術と対比させ、区別するために使う言葉と同じ意味だった。それは、ギリシャ語の**テクネ**（*techne*）――テクノロジーの語源――に相当するラテン語の技芸だ。ルネサンス時代、それも特に絵画と彫刻の分野では特に、古代と同じ意味での技芸しか存在しなかった。しかしイタリアでは、一部の職人が卓越したスキルを発揮したおかげで、技芸は芸術へと昇華して、それに伴い視覚芸術家の概念にも変化が引き起こされた。すなわち、視覚芸術家は熟練した職人ではなく、独創的な創造者を意味するようになったのである。彼らは並外れた比類なき存在で、普通の人間よりも神に近い存在とみなされ、その結果として特別な権限を授けられた。しかし芸術の概念が文学や音楽の領域にまで広がり、その結果として、最も純粋な形の芸術を象徴するようになったのは、普通の人間に対する評価が見直されたおかげだ。すでに指摘したように、現世での人間の生の価値が劇的に向上したからである。現世での仮の姿にモダニティが価値を付与した結果、肉体がポジティブに評価し直されたのである。かつて肉体は罪の器であり、死を引き起こす原因であり、魂が本物の永遠の命を与えられる妨げになる存在だと思われ、早く捨て去るほど良いものだとみなされていた。しかしいまや肉体は唯一の生命の唯一の器であり、きわめて貴重な贈り物や所有物として評価し直されるようになった。肉体は慈しみ、最高の状態をできる限り長く保ち、あらゆる方法で欲望を満たし、楽しい経験を積ませなければならない。このようなポジティブな形での再評価は当然ながら、性欲や五感にまでおよび、それをきっかけに、性欲や五感を育むことは妥当な行為としてみなされるようになった。そして、最も体系的な方法で育んでくれるのが芸術なのだ。

絵画や彫刻、音楽、文学における芸術活動（独創的な創作者として周囲から評価され、本人もそれを自覚する芸術家の活動）は一六世紀から少なくとも一九世紀まで、聴覚と視覚を中心とする感覚を呼び覚まし、刺激して育むことに重点を置いてきた。ロシアのフォルマリストによれば、芸術とは形状（すなわち、聴覚的刺激や視覚的刺激のメカニズム）を具体的に表現するための手段である。現代社会ではこのきわめて独特の美的傾向が注目され、社会から承認されたおかげで、（同時代の科学の経験と同様に）芸術という制度が発展したのである（二〇世紀になると、三つの分野のすべてで芸術は制度として衰退したような印象を受ける。特有の構造力学が働いたおかげで、視覚芸術も音楽も文学も、人間の感覚を刺激し続ける能力を失ってしまった。ただしこの話題については、場所を改めて論じる）。三つのなかでも音楽とは異なり視覚芸術と文学は、形状によって五感を刺激する手段という意味では、純粋芸術の性質を備えていない。特に文学は、一六世紀に芸術として登場したときから、きわめて重要な知的役割を担ってきた。それは、現代の実存的経験を理解して、現代社会を解明することである。もっとも二〇世紀はじめには、この役割は社会科学に奪われてしまった。文学は最初の段階から、階層が開かれた制度、自由や平等の価値、神の秩序から自然の秩序への移行、愛情、野心、地位を巡る競争、嫉妬、狂気（統合失調症や鬱病といった現代の精神的な病の起源となった言葉）などの課題に注目してきた。

この序論では、モダニティの顕著な特徴を順番に紹介してきた。近代以降のリアリティの文化的枠組みという機能の面からナショナリズムを紹介し、ナショナリズムがどんな領域をどのように説明できるかという点に注目してきた。ではつぎに、モダニティの顕著な特徴をナショナリズムはどのようにとらえているのか、私たちの生活のなかでナショナリズムに決定的な機能を与えているものは何か、具体的に考察していきたい。

第2章

ナショナリズムはどこから来たのか

ネーションとは何か

ラテン語のナティオ（*natio*）——今日の私たちにとっての「ネーション」という概念の起源——は生まれを意味し、物理的に生み出されるものを指した。ローマでナティオという言葉が人間に使われるときには、常に軽蔑が込められていた。ローマに暮らしていても市民の資格を持たない外国人、すなわちローマ人が動物にたとえる野蛮人を対象に使われた。やがて中世に入ってラテン語が学習言語になると、ナティオの忌まわしい起源は忘れられ、外国人としての地位を表現する言葉としてのみ記憶されるようになった。ナティオがこの意味で最初に使われたのは、ヨーロッパ各地の神学研究の中心地に形成された学生たちの共同体である。大学都市が出身地と同じ学生はごく稀で、したがってほとんどが外国人だった。学生は監督係の教授と一緒の宿舎を割り当てられたが、大学にやって来るまでのルートに応じて複数の「ネーション」に分類され、それぞれルートにちなんで命名された。共に生活し、共に学ぶうちに、「ネーション」——そしてナティオ——は、意見を同じくする共同体を意味するようになった。こうして新しい意味が備わったネーションという言葉は、つぎに教会評議会の様々な党派に適用された。教会評議会は、教皇権の限界など、**キリスト教共同体**（*respublica christiana*）の統治に関わる重大な問題について論じ合う組織である。調停に取り組むこれらの「ネーション」に王族は含まれないが、俗界や宗教界の有力者たちが送り込む使者たちで構成された。そのため、どれもきわめて排他的であり、ごく高い地位の個人から成る小さな集団だった。ナティオはこのような形で使われた結果、最高権力者や文化的・政治的エリートを意味する言葉へと変化を遂げたのである。

現代の私たちにとって「ネーション」とは、人民を象徴する概念、すなわち包摂的で主権を有する共同体を象徴する概念である。このような共同体では、メンバーは階級や地位の違いに影響されない。したがって誰もが平等で、当然のごとくネーションに忠誠心を抱いて深く傾倒する。この概念は、一五世紀末から一六世紀はじめのどこかの時点においてイングランドで誕生し、その結果、評議会の集団を意味する言葉だったナティオは、「人民（people）」の同義語になったのである。ナティオの意味が最後にこのような形で変化したことには驚かされる。実際、最初は生まれを意味した言葉が、最高権力を有する人間の集団を意味するまで、何世紀もかけて進化してきた歴史よりもさらに驚きは大きい。なぜなら当時、「人民」という言葉はヨーロッパのすべての言語において、社会的地位の低い庶民階級に対して使われていたのだ。人民は、「下層階級（rabble）」や「平民（plebs）」と同義語だったのである。しかし「人民」が「ネーション」と同一視されるや、人民の地位は象徴的な意味において向上した。かつての下層階級にはエリートの尊厳が備わり、エリートの権力が授けられた。主権を有する平等な共同体で上流階級と下層階級が統合され、すべての成員は基本的に身分の交換が可能になり、その結果、社会の実体はまったく違う形で表現されるようになった。**こうしてナショナリズムは誕生した。ネーションという観念を中核に据えて、新しい現実観、新しい意識形態が生まれたのである。**

「ナショナリズム」の起源

ナショナリズムについてはすでに一六世紀、最も古い英語辞書に明記されている。それは「ルネサンス期」にイングランドで最初に登場した辞書で、トマス・エリオットが編纂して一五三八年に出版された。あるいは、ナショナリズムという新しい意識は議会文書のなかにも確認できる。一六世紀の終わりには、ナショナリズムは十分に普及して、聖書にも翻訳されて登場していた。ティンダルが刊行した聖書にも、欽定訳聖書にも取り上げられている。ただしイングランドの外では少なくともその後の二〇〇年間、これに類似する動きはまったく確認されていない。そもそもナショナリズムは、いつどこで登場したのだろう。それがわかれば、登場にまつわる歴史的状況を確認することができる。さらには登場した途端に案の定、一部の観測筋から過激な傾向を批判され、実際に不道徳な社会的潮流の烙印を押されたナショナリズムが、一気に制度化された事情を説明することも可能だ。きわめて重要な歴史的現象の例に漏れず、ネーション意識（national consciousness）の誕生はまったく予想外だった。これは歴史的に不測の出来事の産物であり、偶然の所産であり、過去に想定された何らかの法律や必然性がナショナリズムという形で表現されたと考えても、理解を深めることはできない。でも私たちは幸い、どんな偶然がナショナリズムをもたらしたのか確信できる。ナショナリズムは（おそらく名前から想像されるような集団的な蛮行は伴わず）、薔薇戦争によって誕生した。

薔薇戦争とは、プランタジネット朝のヨーク家とランカスター家のあいだの長年におよぶ権力闘争で、終わってみると、イングランドの序列社会の上位を占める貴族階級がほぼ全滅し、社会階層の最上部に空白が生み出され、その空白を埋めることが政治的に必要とされた。ボスワース・フィールドの戦いは、リチャード三世の戦死によるヨーク家の敗北で幕を閉じ、その結果としてテューダー朝が樹立されるが、この新しい王朝は不安定で、貴族階級も資産も不足していた。それを解消するためには庶民階級の助けを借りることが必要で、庶民は実質的に上昇移動を誘いかけられた。なかでも高い知性と教養を備えた庶民は早い時期からこの要請に応え、その結果、ヘンリー王らに仕える貴族階級が新たに形成された。一方、男子の王位継承者の誕生を望むヘンリー八世はローマ教会とのトラブルに巻き込まれ、自分の王国と教会との結びつきを断ち切ることにした。そのため教会の土地を売りに出すが、これをきっかけにイングランドでは以後、一般の土地の売却も可能になった。新しい貴族階級は一連のトラブルとは無関係だったが、その恩恵を受けて発展し、ひいてはそれが社会階層全体の流動性を促した。こうして、イングランドでは社会階層間の大々的な移動が一世紀にわたって継続したが、これは以前には想像もできなかった現象であり、明らかに前例がなかった。その後も似たような印象の事例は散発的に発生するが、同じ現象はほとんど発生していない。というのも当時のイングランドでは、大規模な移動が一方向にほぼ限られていたのだ。

この強烈な経験がきっかけとなり、社会的特性に関する見解が見直されたという考え方もできる。でもそれは、当時の見解が経験的観察に基づいていればの話で、実際にはそうではない。むしろ意識の変化とナショナリズムの登場で注目すべきは、これが本来まったく意味をなさない序列社会で発生したことである。ヨーロッパの封建社会が存在した（宗教的）文化的枠組みのなかでは、社会制度の各構成要素が明確に区別され、勝手に変更できないことが前提とされた。社会制度を維持するにはそれが不可欠であり、各構成要素は一定の範囲内で重要な機能を果たした。さもなければ社会制度は存在し得なかったのである。各構成要素の役割は、序列または地位（status）と呼ばれた。個人には神の摂理によって特定の序列が与えられ、自分勝手に変えることは許されない。すなわち、生まれついた序列によって個人の気質は定められ、事実上、特定の種類の人間として定義されたのである。現代の私たちは、生き物は種類によって異なる存在だと想像するが、それとほぼ同じように中世の社会では、人間は序列によって異なる生き物だと想像された。反対の証拠があるにもかかわらず、序列が異なる人間同士は混じり合えないと信じられていた。序列が異なる人間は流れる血が異なり（種の異なる動物、たとえばライオンと虎の血は異なると考えられるように）、序列の低い**働く者**（*laboratores*）の血管には赤い血が、序列が高い**戦う者**（*bellatores*）の血管には青い血が流れているという発想が、異なる序列間の交流を許してはならないという信念に反映され、その強化につながった。ここでも経験的証拠は、発想の転換には何の役にも立たなかった。ヒヨコで生まれたら人間に進化できないのと同様、労働者に生まれたら貴族になるのは不可能だとされた。身分の低い庶民と身分の高い貴族という序列は（通常は、庶民は第三身分、貴族は第一身分として言及された）、厳密に定められて変えようがなかった。第二身分に当たる**祈る者**（*oratores*）すなわち聖職者は自分の子どもを残さず、ほかのふたつの身分から成員を募り、庶民は身分の低い僧侶、貴族は身分の高い僧侶になった。したがって、低い地位から高い地位へと移動できる最小限の可能性が第二身分のなかでは存在したが、社会の最上層と最下層を結びつけるわけではなく、生まれながらの身分の違いはここでも再現された。

尊厳という経験

したがって、従来の社会の文化的枠組みに制約された人びとの心のなかでは、一六世紀のイングランドで庶民の身分が向上して新しい貴族階級が誕生した経験は、（統合失調症を説明するために一部の臨床医が使う言葉を借りれば）**理解不能**（ununderstandabe）だった。要するに彼らは、経験できるはずがないとわかっていること、あり得ないことを経験していたのだ。これは**秩序のない**（anomic）混乱した状況であり、それに対処して正当化するためには、言い逃れをするしかない。新しい経験など実際にはなかったことにして、まったく異なる経験をでっち上げるのだ。たとえば新しい貴族階級は血統をねつ造し、自分は死んだと思われていた王子だと名乗ることもできた。周囲はそれを信じるかもしれないが、この戦略では、本人が信じられないことが問題だった。自分たちが貴族の立場を手に入れたのは当然の権利だと、まずは本人が納得する必要があった。それほどまでに新しい経験は強烈だった。何しろ血管を流れる血は赤くても、あらゆる点において青い血の貴族の生活が手に入るのだ。それは以前よりも充実した豊かで刺激的な生活であり、何にもまして、かつては知る由もなかった尊厳を伴った。したがって、自分が信じられないという理由だけで、せっかくの経験を無視する気持ちにはなれなかった。むしろ当然ながら、信じられない気持ちを払拭したかった。そしてある日、おそらく評議会のネーションの成員のひとり、あるいは成員を支えるスタッフのひとりが、**悟りの**瞬間を体験した。イングランドの人民は全員がひとつのネーションだと閃いたのだ。彼はこの啓示を他人と共有し、すんなり受け入れられた。なぜなら一部の人たちにとって素晴らしいけれども混乱きわまりない経験が、これによってすっきり説明されたからだ。厄介な問題は解決され、新しい経験は論理のうえでも価値のうえでも正当化された。誰もが同じような経験をして、新しい可能性に伴う尊厳を通じて高揚感を味わうことが奨励され、実際に可能になったのである。

尊厳を経験することは、人間の生にとって不可欠なわけではない。なぜなら、有史時代の大半を通じ、男女を問わずほとんどの人間は尊厳のない暮らしをおくってきた。高い地位にも低い地位にも当てはまる不可欠な要素は、地位の達成よりはむしろ、地位の維持である。人間の歴史の大半においては、高い地位、すなわちごく一握りの社会階級だけが、尊厳と関わっていた。ただし尊厳には中毒性があり、いったん味わってしまうと、それなしでは満足できない。近代の社会においては、ネーション意識と共に手に入れた尊厳を、人びとは絶対に奪われたくないものだと仮定するのが妥当だろう。ネーションの枠組みのなかでアイデンティティをめぐって争う場合には（カタロニアvs.スペイン、ネーションvs.欧州、シリアvs.イスラム国など）、より多くの人たちにより多くの尊厳を提供する陣営——**尊厳資本**が多く、**尊厳指数**が高い陣営——のほうが、勝利を収める可能性は高い（BOX2・1を参照）。

要するにナショナリズムは、一五世紀末から一六世紀はじめにかけてイングランドで誕生した赤い血の貴族階級が、上昇移動の経験を正当化するために必要とされたものだった。社会階層の上昇など、当時の序列社会の文化的枠組みではあり得ない現象だったが、薔薇戦争後の予想外の政治的状況のおかげで、この現象は大きな規模で継続したのである。ナショナリズムという新しい信念は瞬く間に広がり制度化されたが、それは何よりもまず、あらゆるイングランド人のアイデンティティに尊厳が備わる可能性が開かれ、尊厳には抗えない魅力があったからだ。さらにこれは、ナショナリズムが最終的に世界中に広がって持続する主な理由にもなった。イングランド人の意欲が向上し、「すべての観察者にとっての観察対象」へと大きく地位が向上すると、イングランドは近隣諸国のモデルとなり、「歴史におけるヨーロッパの時代」が幕を開けたのである。本家のイングランドで最初の一〇〇年間にナショナリズムが順調に制度化されたのは、宗教改革のおかげだった。宗教の助けを借りて誕生した本質的に世俗的な文化は、社会における宗教の立場に恒久的な変化をもたらした。一七世紀の半ばまでイギリスは**プロテスタント**のネーションで、ナショナリズムと宗教の理念はあらゆる点で一致していた。やがて清教徒革命が勃発して政治に大変動が起こると、教会は明らかにネーションという組織の一部になり（すでに一六世紀、イングランドに属するのだと宣言されていた）、文学や科学など世俗的な文化制度のあいだでネーションの精神を守る番人としての地位を確保した。

文化、心理、政治

本書の読者のほとんどは、本書が政治的・社会的プロセスに集中することを確実に期待していると思うが、ここまで論じてきた内容からは、象徴的・心理的な現実に専ら集中しているような印象を受けるかもしれない。ここで少し、人間の実存を支える様々な側面のあいだの関係を明らかにしたうえで、核心的な概念の一部を明確にしておきたい。生きとし生けるもの、すなわち人間にとっての現実とは、経験する事柄である。そのため、「現実」という言葉は若干の冗長性を伴いながらも、「経験的(empirical)」という言葉を併用して意味を強調することが多い。だから私たちは「経験的現実」について語るが、実際のところ「経験的」とは、「経験に基づいた（experiential)」と同じ意味である。では経験から何がわかるかと言えば、それは事実だ（ここでも「経験的事実」という冗長的なフレーズを使い、事実が経験によって獲得されたことが強調される）。現実に関する事実の一部は、身体感覚を通じて理解される。これらは物理的・生物的事実であり、物質の現実に関連している。そして、物理学によって系統的に研究されるときもあれば、生命に関する（有機的な）現実のように、生物学によって研究されるときもある。さらに私たちはほかの生物や無生物の体を研究する。体から発せられる音を聞き、臭いを嗅ぎ、これらを素材にした食べ物を味わい、触感を確認する。

BOX2・1

尊厳

ネーションの価値――ナショナル・アイデンティティ、ならびにその重要性から提供される心理的満足感――は、幅広い活動分野で人間が経験する尊厳と関わっており、関連する分野は拡大し続けている。ナショナル・アイデンティティの注目すべき資質――本質的な資質でもある――は、ナショナルな共同体と定義される集団において、すべての成員が尊厳のある地位を保証されることだ。この資質ゆえにナショナリズムは、ヨーロッパの（後には他の地域の）エリート階級にとって魅力的に感じられた。それまで地位を脅かされ、望むような地位の獲得を妨害されていたからだ。さらにこの資質のおかげで間違いなく、過去二世紀のあいだにナショナリズムは世界中に広がった。あるいは、物資的関心が別の方向へ誘導しようとするときが度々あったにもかかわらず、ナショナリズムの力が衰えなかったこともこの資質によって説明できる。

ナショナリズムが誕生した当初、様々なエリート集団がナショナリズムの観念に触れた。そして、従来の地位を維持・強化するためにナショナリズムがどれだけ役に立つか、その可能性に応じて異なった反応を示した。たとえばドイツ各地の貴族階級の場合、一八〇〇年の時点でも、彼らはナショナリズムの魅力に心を動かされず、解放戦争〔ナポレオン戦争の最終段階〕のあいだに仕方なく受け入れた。フランスとロシアの貴族がそろってナショナリズムに乗り換えた一八世紀を通じて、ドイツ貴族の姿勢は一貫してブレなかった。ナポレオンに敗北するまで、ドイツ貴族階級の社会的優越性はいっさい妨げられなかったからだ。彼らは現状に満足しており、排他的な地位は盤石で、よそ者の参加を歓迎する理由など存在しなかった。ドイツ貴族階級にとってネーションは何の価値も持たず、ナショナリズムからは何も提供されなかったのである。対照的にフランスとロシアでは、貴族階級の地位は脅かされ、排他性はとっくに消滅し、尊厳は損なわれてしまった。どちらの国でも、貴族は中央権力から屈辱を受け、自分たちの権力を奪われた。したがって彼らは、それまでの地所に基づいたアイデンティティを放棄しても困らなかった。従来のアイデンティティは尊厳に対する期待感を高めるだけで、実際に尊厳を獲得するための手段を提供し、満足できる結果を与えることはもはや不可能だった。そのため、貴族は不満だらけの人生をおくることになり、貴族としての地位に残された僅かな特権も失われるのではないかと不安におびえた。そこで新たにナショナル・アイデンティティを採用し、その結果、貴族と中央権力との関係は見直され、地位も尊厳も保証されるようになったのである。ドイツの貴族階級では、序列社会の価値をナショナリズムが凌ぐことはできなかった。しかしフランスとロシアの貴族階級の場合には、ナショナリズムは序列社会の価値を超越したのである。

当初、ヨーロッパでナショナリズムが確立されるためには、貴族階級と知識階級のふたつのエリート集団が貢献したが、知識階級のあいだでネーションという観念は、地位を付与するほかの枠組みと競わなければならなかった。ほかのアイデンティティのほうが多くの尊厳を約束してくれそうなかぎり、知識人はネーションに魅了されることも傾倒することもなかった。たとえばフランスの哲学者《フィロゾーフ》（philosophes）は、排他主義的な自己満足に関心がなかった。「賢人は祖国を持たず、いかなる派閥にも所属しない」「すべての人間には、自分で祖国を選ぶ権利が生まれながらに備わっている」と、ヴォルテールは書いている。(1) アベ・レイナルは、「偉大な人物にとっての祖国は宇宙だ」と確信していた。(2) そしてデュクロによれば、偉大な人物は「優秀であり、どんなネーションが出身地であろうとも、自分の心のなかに祖国を形成する。彼らは、ナショナリズムに伴う幼稚な虚栄心にとらわれず、そんな虚栄心を一般大衆に任せる。一般大衆は個人的栄光と無縁なので、同胞たちの栄光に甘んじなければならない(3)」。世界的に有名になりたいと望むのが道理に適っているかぎり（そして一八世紀半ばのフランス知識人には、世界的に有名になれるチャンスが十分に残されていた）、世界の小さな場所に自分の居場所を限定するのは愚かな行為だった。おまけに、自らの優越性に自信があり、周囲はそれを認めてくれると確信できるならば、ネーションに備わる尊厳をみんなと共有する必要などなかった。実際、ネーションなど無用で、文壇さえあれば十分だった。皮肉にもフランスの知識人が、自分たちの壮大な構想にとってあまりにも小さな存在としか思えないネーションを切り捨て、自分たちには世界のどこでも聴衆の心（したがって名声）を勝ち取る能力が備わっていると自信満々だったとき、少なくともヨーロッパでは、聴衆は知識人に心を閉ざしていた。そのため、聴衆の心を勝ち取るのはきわめて困難になり、気がついてみれば、それを無理なく期待できる場所はネーションしか残されていなかった。一八世紀のフランス知識人がナショナリズムに抵抗感を抱いたことには、もうひとつの理由も考えられる。貴族階級が危機を経験して従来の定義の見直しを迫られた結果、才能ある人材に門戸が開かれた。そのため生まれが卑しい知識人にとって、貴族の地位には十分な尊厳が備わった。しかし最終的には貴族階級が貴族としての地位に見切りをつけた結果、大勢の人たちが貴族階級に加わる夢を断念し、代わりに愛国主義者になったのである。

ドイツでは、ナショナリズムが発達する時期がフランスよりも遅かった。フランスの同胞がコスモポリタン的理想を放棄してからもしばらく、ドイツ知識人は忠実であり続けた。ニコライから見れば、ドイツのナショナリズムは「政治の怪物」だった。[4] シラーは「素晴らしい世界」と引き換えに祖国を捨てたことを宣言し、「世界市民」として執筆活動を行った。[5] フィヒテは一七九九年まで、コスモポリタンとして強い信念の持ち主だった。無神論者だと非難されてイエナ大学での職を失ったときには、ドイツでの戦争でフランスが勝利することを望み（「[ドイツで]フランス人が圧倒的な優位を手に入れないかぎり、自由思想を標榜するドイツ人は、数年のうちに安全な地位を脅かされる現実」を何よりも確信していたからだ[6]）、フランス共和国で職に就くことさえも考えた。ナポレオン戦争以前にナショナリズムがドイツ知識人の心に訴えなかったのは、名声が再分配された社会に関心を持つ唯一の集団だったにもかかわらず、貴族や官僚からの支援がないため、実行に移す手段が欠如していたからだ。このような状況で（ネーションという観念が暗示するからと言って）名声の再分配を主張したところで、結局は嘲笑されるだけで、一部の知識人はせっかくの社会進出のチャンスがつぶされてしまう。一八世紀のドイツ知識人にとっては、知識人共同体という限られた範囲内でみんなと平等な成員になることを願い、その共同体から認められることを願うほうが大きな満足感を得られた。決して理に適った選択ではないが、少なくとも嘲笑される心配はなかった。とにかくナショナリズムは不適切で、ネーションには価値がなかった。しかしフランスの軍事侵攻をきっかけに、ネーションにはようやく価値が備わり、知識人と上流階級のあいだには利益共同体が創造される。かつて上流階級は閉鎖的かつ尊大で、知識人には手の届かない存在だった。しかしいまや、知識人は上流階級への参加を許されるばかりか、実際のところ、不安や悲しみを共有する存在として歓迎されるようになった。貴族階級が知識人を好意的に評価する理由となった共通点は、自分たちと同じドイツ人だという事実だ。コスモポリタニズムや知識人の世界共同体という観念は、ドイツ知識人に対して一種の逃げ場を提供し、社会的充足感や進歩について夢見る可能性を与えてくれた。しかしネーションにおけるパートナーシップからは、このような進歩が実現する可能性が提供されたのである。

社会的現実とは何か

しかし私たちの経験のほとんどは、物理的・生物的現実についての経験ではなく、社会的現実についての経験である。物理的・生物的現実と同様、社会的現実も私たちの経験によって構成されるが、身体感覚を介した経験ではなく、心を介した経験、心のなかでの経験である点が異なる。要するに、私たちが経験する現実のほとんどは、物質的でも有機的でもなく、精神的現実なのだ。そして社会的事実とは、**思考や行動の様式**に他ならない。この点については、すでにエミール・デュルケムが強調している。ちなみに彼は、一般社会科学としての社会学（生物学には多数の生物分野が含まれるのと同様に、ここにはすべての社会科学が社会学の学問分野として網羅されている）の創設者で、彼以外に創設者とみなされる人物はひとり、もしくはせいぜい二人だけである。社会的事実は物質的事実や有機的事実と同様、外側から私たちに作用するので（心のなかで作用する点は異なるが）、やはり物質的事実や有機的事実と同様、私たちの意思には束縛されず、むしろ私たちに強制的な影響力をおよぼす。たとえば私たちが罰せられないためには、状況にふさわしい服装や話し方や身振りを求められ、その慣習を無視することができないのは、行く手をさえぎるテーブルを存在しないものと仮定して通り抜けることも、お腹を空かせたワニがたくさんいる川に飛び込むこともできないのと同じだ。その意味では、社会的事実の経験は必然的に主観的だが、社会的事実そのものは物質的事実や有機的事実と同様に客観的である。さらにその意味では、社会的事実の圧倒的多数は観念とみなされるかもしれないが、純粋に主観的な観念や想像と同じではない。主観的な観念や想像は、自分の心のなかで生まれるもので、それが強制的な影響力をおよぼすのは、統合失調症で妄想状態に陥ったときのように精神が深刻な障害を起こし、内側の世界と外側の世界を区別する能力が失われた場合に限られる。

私たちの経験のほとんどが該当し、したがって経験的現実の大部分を占める社会的現実は、心のなかで経験し、心を通じて私たちに影響をおよぼす意味で概して観念的な範疇に属する。そうなると、政治も含めたすべての社会的プロセスは必然的に心理的なものとなり、心のなかで進行する主観的・精神的プロセスを考慮しなければ、政治的な事柄のいっさいは理解できないことが明らかになるはずだ（ただし、考慮すればすべてが理解できるとは、明らかに考えにくい）。しかし、社会的現実（したがって、政治的、経済的現実など）に備わっている精神的特性は、社会的現実を物質的・有機的現実と区別するためには役立つが、社会的現実の正しい特徴づけには役に立たない。社会的現実は心のなかの経験であり、心を通じて私たちに影響をおよぼすところまでは理解できても、社会的現実によって実際のところ何を経験するのか、その思考や行動の様式はどのように成り立っているのか、さらには、そもそも心とは何か、特定する作業がまだ残されている。

「社会的現実」という言葉は誤解を招きやすい。社会という部分が強調されると、個人が協力し合い、集団が編成される点に注目が集まる。むしろ社会的現実よりは、人間の現実という言葉を使うほうがずっとふさわしい。実際のところ、すべての社会科学は人間の現実を研究対象にしている。ところで、いかなるテーマを研究する場合も、最初に基本的な定義を明らかにして、隣接するテーマとの区別を明確にしておかなければならない。私たちのように、経験的現実のあらゆる側面を網羅した広大な領域を研究するケースでは、物質的現実、なかでも有機的現実が隣接するテーマとなる。では、物理学や生物学のテーマと私たちのテーマを区別するものが何かと言えば、答えが社会でないことだけは間違いない。社会とは、高等動物や鳥類や哺乳類、それに私たち人間も含め、あらゆる生物種が生きるうえでの必然の結果である。たとえばオオカミ、ライオン、象、雁などのあいだには、政治的、経済的、家族的な構造が容易に確認できる。社会に注目するという点では、私たち社会科学者は生物学者とみなされるべきだろう（ただし、どの社会科学者も生物学者として実におそまつである。生物学という学問分野の原理を理解する能力に欠け、極端に狭い専門知識しか持ち合わせていない）。

文化的プロセス

人間についての研究の出発点は、ほかの動物との比較だろう。その直接的な結果として明らかにされる人間の特質が、人間独特の現実を作り上げている。この現実は自律性を備え、物理学や生物学で研究される現実のレベルにまで単純化することができず、まったく独自の因果関係にしたがって機能する。人間以外のすべての動物種は、発達段階や進化系統樹で占める位置にかかわらず、基本的に生活様式を遺伝子で伝える。しかし私たち人間は、象徴を介して生活様式を伝えるケースが圧倒的に多い。人間の現実は、象徴的現実にほかならない。そのため、ほかの動物の社会的プロセスとは異なり、人間の社会的（政治的）プロセスは象徴的なプロセスとなる。したがってナショナリズムについて論じる際には、象徴的なプロセスに注目しなければならない。象徴とは任意の記号であり、象徴が伝える内容や意味は状況次第で変化する。しかも状況そのものが、必然的にほとんどが象徴的なので、象徴的なプロセスは時間依存的または通時的（historical）に進行する。要するに、人間の現実は精神的、象徴的、通時的な現実なのだ。人間の現実はプロセスであって、物質や物事ではない。なぜなら物質的な現実とは対照的に、本質的な要素（それなくして人間が存在し得ない要素）のすべてが一時的（temporal）である。物質的な現実の場合は、本質的要素のすべてが空間的（spatial）であり、有機的な現実の場合はほとんどの本質的要素が空間的なので、いずれの場合も生命は本質的に具現化されたプロセスになる。これに対して人間の現実は常に流動的で、決して静止せず、少しでも時間が経過すれば姿を変える。社会科学の議論でしばしば使われる社会的、政治的、経済的**構造**という概念、あるいは共時的・物理的構造の物理的な力と類似する社会構造が由来の**構造的な力**という概念は、単なるメタファーにすぎず、しかも誤解を招きやすい。たしかに人間のプロセスは建物、車、耕作地、家畜、書籍などの物理的・有機的な痕跡を残す。キケロ以来、物理的な環境に人間が加えたこのような要素は**文化**（culture）と呼ばれてきたが、今日ではこれらの物理的・有機的な痕跡を文化が手放すところまでプロセスが延長されている。結局、物理的な痕跡は象徴としては死んだ状態で、自己再生能力を持ち合わせていない。

物理的・有機的な痕跡を手放す文化的プロセスは、個人の心によって、個人の心のなかでのみ進行する。その意味では、個人は文化において唯一の能動素子である（そのため、人間社会の研究では方法論的個人主義に特権的地位が与えられる）。しかし、心は象徴が長くとどまり意味を変化させる場所である一方、圧倒的に多くのケースにおいて（心も象徴も）、ほかの心が外の世界で創造した象徴によって動作する。その意味では、心は文化によって創造される。人間特有の現実を研究するためには、生物学とも物理学とも異なる特殊な科学の存在が正当化されるが、この人間特有の現実はあらゆる面において、心の内面的な働きと象徴的な環境のあいだの絶えまないやりとりから成り立っているのだ。集合的レベルの精神的、象徴的、通時的プロセスと呼べる文化と、同じプロセスが個人レベルで進行する心とのあいだで、持ちつ持たれつの関係が成立している。

社会制度

ここまで来ると、**社会制度**の性質は理解しやすくなるだろう。社会制度は、社会科学のあらゆる学問分野にとって中心的な概念であり、その起源はデュルケムにまで遡る。デュルケムにとって社会学は総合的な社会科学であり、彼はこれを制度の科学として定義した。「制度」という言葉からは構造のイメージが連想されるかもしれないが、実際のところ制度とは、文化的プロセスの特定の段階を意味する。特定の社会的事実、すなわち**思考様式や行動様式**が、ある時点で到達する状態を指す。状態であることは、「制度」という言葉の構造に暗示されている（憲法［constitution］、貧困［destitution］、売春［prostitution］と同様、接頭辞と「-tion」という接尾辞が結びつけられ、ラテン語の*statuere*［「像」の語源でもあるラテン語の*stitu*］を語幹としている）。したがって「-stitution」は、何かの状態を保つための継続的な行動を意味する。「憲法」は大衆が団結した状態、「貧困」は大衆が失われた状態、「売春」は大衆が関わりを持たない状態を示唆する。一方、「制度（institution）」の接頭辞inからは、自立という目標に貢献する継続的な行動であることが推測され、その点では永続性や秩序と類似している。実際に制度は、永続性を備え、思考様式や行動様式が確立されたような印象を与える社会的事実が体系化されたものだ。そのため制度は見る人を欺き、さも構造であるかのように思わせてしまうが、それでもプロセスには違いない。ただし、整然としてパターン化されたプロセスであり、ほとんどの場合は暗黙のうちに、常に一定の明確な限度内で変化を繰り返す。社会的事実が組織化された体系という点では、社会制度も**社会的動向**（social currents）も同じだが、実際のところ両者は対照的である。社会的動向は、個人または集団としての人間の行動によって創造されるもので、不安定で統一感に欠け、個性的である。このような行動のあいだでは、思考様式や行動様式をまったく統一することができず、それぞれが独特の形で存在している。しかも体系は見るからに変動しているので、永続性が備わっているような印象を与えず、その点では構造との比較にならない。すなわち、パターンの規則性が少なく、変動の限界が曖昧なプロセスである。ただし、制度と動向の違いは程度の差だけで、通常は両者の区別は難しくない。社会科学の大半は、社会的動向がいかに形成され、その後はいかに崩壊して社会制度に変容していくか（制度化）についての分析、すなわち社会的事実の結合や組み換えの分析に関わっている。すべての社会秩序（そしてその一部である政治秩序）は、思考様式や行動様式が制度化された所産である。

　人間の活動のどの領域で思考や行動が発生するかによって、制度は異なってくる。経済に関する思考や行動は、家庭内での思考や行動と必然的に異なる。しかし、社会秩序のなかのすべての制度はその社会秩序を反映しており、社会秩序を通じて関わり合っている。**社会秩序を構成する思考様式や行動様式は、社会秩序の文化的枠組みを象徴するのだ。**ではナショナリズムはどうか。そもそもナショナリズムは、個人の心のなかで「人民」と「ネーション」というふたつの言葉の意味が同時に変化して、どちらの解釈も改められた結果として誕生した。この象徴的・精神的な出来事は自然発生的なもので、最終的には、特定の人物の心に備わった独特の資質によってのみ説明できる。しかし言葉の意味の変化を促したのは、過去になかった経験である。すなわち、大勢の人たちの社会的地位の向上などは、過去には自ら体験することも観察することもなく、既存の文化の理解を明らかに超えていた。要するに一五世紀末から一六世紀はじめのイングランドでは、思考様式と行動様式の変化を大勢の人たちが経験または観察した結果、新しい制度が出来上がったのである。そしてこの現象を理解する必要があったため、イングランドの人民をネーションとみなす発想が一個人の心のなかで生まれると、瞬く間に広がったのである。ネーションという概念が新しく導入されると象徴のコンテキストは改められ、関連する観念のすべてが解釈し直された。その結果、それまで優勢だった思考様式や行動様式は衰退し、強力な社会的動向が新たに創造されたのである。この社会的動向への反発は限定的で、この経験とまったく無関係だった分野（宗教改革など）や、間接的な関連しか持たない分野（王族の離婚など）での展開が当初は追い風となった。おかげで、社会生活の重要な領域では例外なく制度化が急速に進行し、一六世紀の終わりには新しい社会秩序が誕生したのである。したがってナショナリズムは何よりもまず、思考様式や意識形態（集団レベルでは集団意識や集団文化。個人レベルでは、他の精神的プロセスとは一線を画し、独特のアイデンティティ、すなわちネーションのアイデンティティに反映される特定の精神構造）が制度化されたものだと言える。生活の様々な領域のなかで、ナショナリズムは明確な指針や規範や社会的役割を与えられ、制度やパターン化された行動のなかで具体化された（BOX2・2を参照）。そのため、ネーション意識は絶えず強化され、その影響力は多面的に拡大し、新しい領域で新たな経験を引き起こしている。そもそも新しい経験の結果として誕生したナショナリズムは、新しい経験を引き起こす主な原因となり、かつては関連性が確認されなかった様々な経験を促し、私たちの経験的現実を文字通り変容させている。

BOX2・2

アイデンティティ

ナショナリズムの研究分野においては、ナショナリズムは「人類の最も古く、最も原始的な感情」の表現にすぎない（最大級の表現ではあるが）という前提が、ほぼ疑いの余地なく受け入れられてきた（ハンス・コーン『ナショナリズムの理念』Kohn1961：4）。あるいは、ナショナル・アイデンティティは、（円熟した）アイデンティティの別名にすぎないという前提もある。しかし、どちらもとんでもない誤解だ。いかなる時代のいかなる人間の集団も、さらにはいかなる個人も、精神面で重度の障害を抱えているか、あるいは（幼少時で）精神が未発達なケースを除けば、アイデンティティなくしては生きられない。アイデンティティを持つことは心理的に必要不可欠であり、社会学的定数（sociological constant）とみなされる。ただし、特定のアイデンティティが発達するプロセスのなかに、必要不可欠なものは存在しない。人間や人間集団が所有できるアイデンティティ、あるいは過去に所有したアイデンティティの多くは、客観的に必要とされるわけではない。いずれも文化の構築の枠組みのなかで、歴史的偶発性の結果として誕生した。

社会のかなり広い領域で個人や集団の成員にふさわしい立場は、アイデンティティによって特定される。アイデンティティは、領域の地図や青写真のようなもので、その助けを借りて領域は常に再編される。アイデンティティの社会的な重要性は、アイデンティティを共有する集団の重要性や規模に正比例して増加するが、この集団に適用できるかどうかにも左右される。たとえば、中世の大学に通う学生や、教会評議会に所属する集団の「ナショナル・アイデンティティ」は、動作主体の生活のかなり狭い領域を対象としたガイドラインを提供した（しかも、ごく少人数の動作主体にしか適用されなかった）。せいぜい、これらの動作主体に備わっているほかの部分的なアイデンティティ――性別、家族、地域――と同程度の重要性しかなく、キリスト教徒としてのアイデンティティよりは確実に重要度が低かった。対照的に現代のナショナル・アイデンティティは、手に入れたその瞬間から、最も適用範囲が広いアイデンティティとなった。今日では、世界の人口の大多数にこの傾向が当てはまる。

このように適用範囲が広くて「基本的な」アイデンティティは、どのような種類であれ、集団の成員のまさに本質を定義していると考えられるが、実際にその通りである。事実、ナショナル・アイデンティティは、様々な状況において行動を形作っている。さらに、社会秩序のイメージや、特定の社会の「社会意識」を反映している。そうなると、現代世界の基本的なアイデンティティの枠組みであるナショナリズムは、近現代の社会意識の枠組みということにもなり、近現代世界では、社会意識がまさにネーション意識の形態をとっていることが暗示される。ナショナリズムは、モダニティの文化的枠組みなのだ。社会が統合され、現代社会が構築されるプロセスを支える文化的土台である。あるいは秩序を創造する象徴的な体系でもあり、それが意味を授けてくれるおかげで、私たちの社会的現実は形成される。さらにナショナリズムは象徴的な媒体でもあり、このプリズムを通して私たちは社会的現実を観察し経験する。

ナショナリズムやナショナル・アイデンティティと、秩序を生み出すほかの文化的体系（たとえば宗教）やそれを反映したアイデンティティとのあいだの違いは少なくとも、ナショナリズムの原理の実践を象徴する現代社会と、ほかのタイプの社会のあいだの違いと同程度に大きい。そもそも原理が誕生して直ちに、何の問題もなく現実化されるケースは滅多にない。しかしあとで解説するが、ナショナリズムは早い時期から確実に、現代社会に特有のあらゆる制度に反映されるようになった。

普及的主権への希求

イングランド人民をネーションとして定義した結果、いまや開放的な共同体のなかで、すべての成員は基本的に平等だとイングランド人が考え、その前提で行動するようになったことは、すでに読者の皆さんもおわかりだろう。この新しい見解は何よりも社会的移動性を促し、社会的移動性は完全に正統性のある現象としての評価が定着した。その結果、階層制度には変化が引き起こされ、たとえば法律ではっきりと確認されないうちから、社会は原則として平等になった。自分たちが経験している社会的移動性の正統性を認識したイングランド人は、社会的地位は結局のところ自ら選択するものだと確信するようになり、その結果、個人が自らの価値を自ら決定する権利、すなわち自由という現代の観念が創造された。期待を寄せる対象は変化して、正義と不正の定義は見直される。さらに、ネーションという観念が登場すると、イングランド人はイングランドを（第一に土地としてではなく）自分たちの共同体とみなすようにもなり、この共同体は主権を有し、自分たちは**普及的主権**の参加者だと考えるようになった。そしてこれをきっかけに、君主政治への態度も、人民と土地の関係に対する態度も一変する。国王は同輩中のリーダーであり、ネーションという共同体の主権を誰よりも象徴する存在かもしれないが、イングランドを独裁的に支配・所有する権利を有する存在とは、もはや確実にみなされなくなった。ネーションの土地となったイングランドは、国王が世襲する財産から、国家《ステート》へと変化する。一六世紀半ばには、ステートという単語は「カントリー（country）」とも「ネーション」ともほぼ同義語になっていたが、ナショナルな政府（national government）を意味するまでに時間はかからなかった。この政府は普及的主権を象徴する存在であり、すでにエリザベス一世の時代には、イングランド人はナショナルな政府に参加する権利を主張していた。やがてエリザベス一世の後継者たちのもとでこの権利が妨害されると、清教徒革命が勃発する。その結果、最初に共和制が、つぎに立憲君主制が成立し、王の権利の意味は様変わりして、国王は事実上、政治権力を奪われた。イングランドがネーションになってから一世紀も経たないうちに、すでに民主制が確立されたことはほぼ間違いない。

様々な分野で進行したナショナリズムの制度化については、あとから詳しく論じる。その前にここでは、イギリスでナショナリズムの登場につながった特有の経験が、特有の種類、特有のタイプのナショナリズムの成立につながった経緯に注目したい。

ナショナリズムのタイプ

ナショナリズムが誕生した国でそれが制度化されるまでの一連の展開は、個人が上昇移動を経験するところから始まった。この経験には（解釈の正当化というフロイト的な意味で）正当化が必要とされたが、これは個人の経験だったため、個人に焦点を絞った正当化となり、結果として個人主義的な解釈になった。そのためネーションは最初から、個人の集合体として定義される。「ネーション」も「人民」も、どちらも複数名詞として扱われ、「我々」や「彼ら」という複数代名詞が使われた。さらに、ネーションが個人の集合体として定義されると、必然的な結果として、ネーションの資質（最終的には「ナショナル・キャラクター（national character）」と呼ばれる）には構成者である個人の資質が反映されると考えられた。実際、ナショナルな共同体（national community）が平等主義と普及的主権に支えられたのは、共同体に属する個人は自らの運命を自由に規定することが可能で（すなわち自律的で）、その能力がすべての個人に平等に与えられたからだ。さらにネーションの草創期には、「万人祭司」（神の目からは、すべてのキリスト教徒が祭司だとされる）というプロテスタントの教理が、こうした信念の強化に大きく貢献した。ナショナル・アイデンティティは尊厳を伴い、それがナショナリズムの抗しがたい魅力になっている。さらに、ネーションの尊厳への一途な傾倒も、ナショナル・アイデンティティに伴う尊厳を土台としている。しかしネーションの尊厳は、個人の資質とみなされる自由や平等から派生したものだ。しかも、神に直接語りかける能力によって確実に強化されたが、これもまた個人に属する資質である。そうなるとネーションの尊厳は、ネーションの成員の尊厳に左右されることになる。あらゆる個人は歴史の行為主体（agent of history）や自律的な動作主体（autonomous actor）とみなされ、自らの尊厳ある地位に対して責任を持つ。なぜなら、地位を失うにしても獲得するにしても、それは個人の能力次第だからで、ひいては個人の集団が、ネーションの地位に対する責任を持つようになった。したがって、個人がネーションという集団の成員になるか否かは、自らが決定する問題であり、血統にも、生まれた場所にも左右されない。その結果、ナショナル・アイデンティティ（ナショナリティ）は、市民権《シチズンシップ》（成員としての資格）と同一化されることになった。

三つのナショナリズム

ネーションは個人の集合体であり、成員の地位は原則として自発的に決定されるという思考様式からは、**個人主義的市民ナショナリズム**（individualistic and civic type of nationalism）が生み出された。これはナショナリズムの原型であり、他のすべてのナショナリズムはこれを土台として発展したが、原型とはいえ非常にめずらしいタイプだ。該当するのは、イングランド人と直接的な関連性があり、いわゆるアングロ世界でイングランド人によって広められたナショナリズムだけである。ネーション意識が外部から持ち込まれる際には、一連のプロセスは象徴体系、すなわちネーションの視点の導入から始まり、それが新しい経験を生み出した。そして、様々な出来事が異なる経過をたどり、**ふたつの異なるタイプの集団的ナショナリズム**（collectivistic nationalism）が誕生した。ナショナリズムは一八世紀、イギリスからフランスとロシアにほぼ同時期に持ち込まれたが、その理由は異なる。持ち込まれた理由や歴史的事情の違いは、導入された観念を土台にしたネーション意識の進化にも影響をおよぼした。その結果、フランスでは**集団的市民ナショナリズム**(collectivistic and civic nationalism)が、ロシアでは**集団的民族ナショナリズム**(collectivistic and ethnic nationalism)が誕生したのである。ふたつを比べると、集団的民族ナショナリズムのほうがはるかに広い範囲にまで普及して、最近では中国やインドにまで導入された。

イングランドでの発達

イングランドでナショナリズムが発達すると、国内外でイングランド人の行動様式が改められ、きわめて競争心が強くなったが、競争相手となる人民は競おうとしなかった。そのため、一六世紀を通じてそれほど重要ではなかったイングランドという政治体(polity)は、一七世紀の終わりにいきなり地位が向上し、一八世紀には紛れもなく欧州の大国になった。すでに一七世紀はじめの時点で、イングランド人の思考様式は他の国で注目され採用され始めていたが、特にフランスはその傾向が顕著だった。当初フランスでは、イングランド人の思考様式が好奇心から研究されたが、次第に関心は高くなった。フランスにネーション意識が持ち込まれた主な理由には、国内事情が関わっている。一七世紀になると君主の絶対主義的傾向が明らかに強まり、由緒あるフランスの貴族階級の地位が脅かされたのである。イングランドの新興貴族と同様、一七世紀から一八世紀にかけて、フランスの貴族階級の経験は混乱をきわめた。本来なら社会階層の頂点に君臨し、ほかのいかなる階層もかなわない排他的かつ高貴な地位を与えられ、あらゆる特権をほしいままにできるはずだった。ところが、そんな秩序正しい社会のイメージと現実は矛盾しており、混乱きわまりない状況に陥ってしまった。一六世紀のイングランドの貴族階級とは対照的に、当時のフランス貴族の経験からは明るい未来を思い描けなかった。由緒ある貴族が宮廷での出費の増加を強制される一方、貴族にサービスを提供する庶民は裕福になり、金銭的余裕があれば誰でも貴族の称号を買い取ることが可能で、それが貴族の価値（ひいては高貴なアイデンティティに備わる威厳）の低下につながった。イングランドの場合は新しい経験を尊重し、それに合わせて文化的枠組みが見直されたが、フランスの貴族階級にとっては、既存の文化的枠組みを維持したまま、そこに新しい経験を当てはめることが利益に適った。実際にフランスの貴族階級は一七世紀を通じ、そのための努力を続けてきたが、何度も失敗しては不満を募らせた。一方、イングランドの新しい貴族階級は他の国の貴族階級と比べ、時間が経過しても開放的な傾向が失われず、明らかに順調だった。これを観察したフランスの貴族階級の一部は、自分たちの地位が安泰になるためには政治組織との関連づけが必要だと考え始めた。そして、イングランドの地位向上と反比例してフランスの地位が低下した点を指摘して、フランスもネーションになるべきだと訴えた。やがて一八世紀の最後の二五年間には、フランスはネーションだと一般に確信されるまでになった。

フランス――集団的市民ナショナリズム

ネーションという観念がフランスに到着したときは、すでに純化された抽象的な形になっていた。この観念を広めたフランスのナショナリストたちが想像するネーションとは、領土のなかで生まれ、特有の法律や言語や伝統を受け継ぎ主権を有する人民の集団だった。ネーションのアイデンティティは開放的で、成員の基本的な平等が暗示されたが、そこには領土や特有の文化的特徴が関わっており、これらを抜きにしたアイデンティティは想像できなかった。各個人はネーションの領土や特徴を共有するけれども、その方法も程度も様々だった。フランスにおいて平等とは、領土や文化的特徴を共有する意味での平等であり、個人の能力の平等は前提ではなかった。人民の集団が独自性を備えることが、ネーションが主権を有する究極の理由だったのである。イングランドとは異なり、個人が自らの生活、ひいては集団の生活を制約する能力が機能する必要はなかった。フランスでは、人民の自由がネーションの自由を反映するのであって、ネーションの自由が人民の自由を反映するわけではなかった。そんなフランスのネーションとしてのアイデンティティは、尊厳資本が非常に高い。なぜならフランスでは、ネーションに特有の資質がどれも最高の評価を受けたからだ（未だにそう評価されている）。この尊厳はネーションに由来するため、ネーションに所属するすべての人民によって共有されるものとされたが、実際には大部分の人民が尊厳と無関係だった。むしろ一部の個人、すなわち理性と美徳のいずれか、あるいは両方を備えたエリート（すなわち能力に恵まれた集団）に属し、知識人、政治指導者、軍事指導者などの立場でフランス特有の資質の形成に積極的に貢献した人たちによって、尊厳は維持され高められ、最終的にフランスは栄光を手に入れたのである。彼らはいわゆる自然的貴族(natural aristocracy)〔血統や肩書きに限定されず、教養や徳を生まれながらにして身につけたエリート〕で、一八世紀には従来の生まれながらの貴族に代わって台頭し、伝統的な社会階層の上層部を占めた。

　ネーションという観念はフランスにやって来ると直ちに、教養の高いエリート層の心をわしづかみにした。先行きの暗い貴族階級を一気にギロチン送りにして、混乱《アノミック》した状況を解決できそうに思えたからだ。フランス革命は間違いなく、ネーションという観念が創造した最初の集団的経験であり、しかも劇的だった。ここでは個人の経験よりもネーション意識のほうが先行したため、イギリスとは異なり、個人は注目されなかった。ネーションは複合体や統一体ではなく、単一体（unitary）として想像された。人間の成員とは無関係な独自の意思やニーズや関心を持つ集団的個人とみなされ、単数形として扱われた。その結果、心から文化にではなく、文化から心に影響がおよぶケースの例に漏れず、集団的ナショナリズムの誕生に至ったのである。フランスを偉大なネーションたらしめた資質はすべて、過去の世代の成果の反映であり、同時代の優秀な人材の成果を通じて維持され発展を遂げた。そのため、集団の成果のほうが個人の成果よりもはるかに重視され、個人はいっさいの責任を負わなかった。ネーションが単一体として定義され、ネーションの構成員である市民の基準が採用されてから、そのあとはイングランドと同様にナショナリティと市民権《シチズンシップ》が同一化されたのである。フランスはネーションとしての歴史が始まった当時から社会が開放的で、血統がほとんど重視されなかった。生来の貴族は、フランスを偉大なネーションだと考える人物なら誰でも歓迎し、偉大なる祖国に貢献する新参者を喜んで受け入れた。ネーションの理想に背けば、革命のあいだに伝統的な貴族階級を見舞った運命が如実に物語るように、フランスで生まれ育って純粋な血統を受け継いだ子孫でさえ、容赦なく**よそ者**の烙印を押された。

集団的市民ナショナリズムという、相反する要素から成る矛盾した性質のナショナリズムがフランスで創造された背景には、フランスのネーションとしての歴史の混乱があった。フランスでは二世紀足らずのうちに動乱の時代をはさみながら、ふたつの君主国、ふたつの帝国、五つの共和国が誕生し、少なくとも動乱の一部は、革命とよく似ていた。集団的市民ナショナリズムの枠組みのなかでは、自主的な動作主体としての個人は否定されると同時に認められる。ネーションを単一の組織として見れば、個人は社会的・政治的自律性を否定され、ひとつの体を構成するたくさんの細胞のひとつとしか扱われない。一方、ネーションを構成する成員に市民としての基準が当てはめられ、ネーションのアイデンティティが与えられる場合には、個人は自由な行為主体とみなされ、自律性が前提とされる。フランス人の意識のなかでは、これらふたつの相反する要素はいずれも重要な存在であり、どちらが優位に立つかは歴史的状況に左右された。優位に立った要素のほうは制度化され、国民の経験を形成する。やがて状況が変化すると、おそらく従来の制度は解体され、別の要素の影響力が拡大し……このサイクルが繰り返されていく。

ロシア——集団的民族ナショナリズム

フランスにナショナリズムが持ち込まれたのは、絶対王政のもとでフランス貴族階級が味わった腹立たしい経験が理由だったが、ロシアにナショナリズムという新しい意識が持ち込まれたのは、一八世紀はじめの二五年間に国を治めた偉大な独裁君主、すなわちピョートル大帝の決断が理由だった。西洋のいかなる絶対王政も、ロシアの独裁政治には匹敵しえない。これと比較すれば、西洋の絶対王政はどれも相対的で、土地に関する基本法、伝統、宗教、さらには封建社会の構造そのものによる制約を受けた。対照的にロシアのツァーリの支配はまさしく絶対的で、いっさいの制約を受けない。ツァーリは法律そのものなので、法律を超越した存在であり、さらには宗教も超越した存在だった。というのも、東ローマ帝国の時代以来、正教会の皇帝教皇主義においては、現世の統治者が教会の最高指導者とみなされたからで、しかもロシアには封建主義が存在しなかった。そのうえ、ピョートル大帝は月並みの独裁君主ではなかった。彼は早くからイングランドを賞賛していた。そして、当時最も強力な国家の地位にまでイングランドが上りつめた背景では、ネーション意識がきわめて重要な役割を果たしていることを認識し、その先例に倣おうと決断する。ロシア人民はすべて、ピョートル大帝の（事実上の）奴隷と、彼らが所有する奴隷から構成され、人民は命令への服従を求められた。彼は手始めに、アパナージュ（王領の一部）を与えられた長子以外の諸公たちを本来の所領から引き離し（代わりにほかの地方の土地を割り当て）、追従者たちとの関係を断ち切らせることで、彼らの権力の弱体化を図った。そのうえで、健康で丈夫な男性であれば、個人的な資格でツァーリに奉仕することを誰にでも認め、選ばれた従者を海外に派遣して西洋流を学ばせ、それを実践するよう指示した。「私への請願書には、『あなたの奴隷』と署名してはならない。『市民』という言葉を使うように」と、ピョートル大帝は事実上の奴隷たちに命じ（著者註：この命令の表現は私が言い換えた）、「誇り高き自由人としてふるまうよう」要求した。そして本人自ら、自分の野望にとって都合の良い形に法律を書き換え、その法律にふさわしい新しい言葉を考案し、それをどのように解釈してほしいのか説明した。さらには、それまで古代教会スラヴ語しか存在しなかったロシアで、新たに世俗的なロシア語アルファベットを創造する（最初はオランダ語をロシアの公用語にするつもりだったが、そのアイデアは断念した）。本の執筆にはロシア語アルファベットを使わせ、新しい言語が定着する土台を築いた結果、やがてはトルストイやドストエフスキーが用いるまでになったのである。この新しいロシア語アルファベットの習得を、読み書きのできない貴族のあいだで義務付けようとピョートル大帝は考えた。ロシア語アルファベットで書かれた最初の本は、「大北方戦争」の歴史である。ここでは、一七世紀末に最強の軍事指導者のひとりとみなされていたスウェーデンのカール一二世に対するピョートル大帝の勝利が描写されている。

ピョートル大帝が没する頃までには、ロシアは西洋で注目され、広く恐れられる存在になっていた。そのためロシアの貴族階級――ピョートルの側近（tribe）と呼ばれた――のあいだでは、自尊心が芽生えた。軍事大国になったおかげで、ロシアのネーションとしてのアイデンティティには尊厳が備わり、ピョートルの側近の成員たちはネーションのアイデンティティに情熱を注ぐ愛国主義者になった。ネーション発展の初期の段階でこれだけの成功を収めると、新しい貴族階級は勢いづいた。そして君主であるピョートル大帝の死後、彼らの一部は西洋流を独自に模倣し始め、ネーションとしての意識が大勢の人たちのあいだで形成され、心に深く浸透していった。ところが不幸にもその過程で貴族たちは、ネーションにとって軍事力は最も重要な資質ではないことを認識し始める。ネーションとしての名声や尊厳は、べつの資質によって左右されるもので、そもそもこれらの資質には（イングランドの事例が明確に示すように）平等、自由、普及的主権が含まれること、さらには、ネーションの価値を高めるためには文化的業績が大きく貢献することを理解するようになった。少なくとも、用途の広い言語が高度に発達し、それを用いて洗練された文学が創造され、（フランスの事例から明らかなように）周囲のネーションから賞賛される必要があった。ロシアにはこのような肝心な資質がいっさい存在しない現実を認識した貴族たちは、自信喪失に陥った。ロシアのナショナリズムのパイオニアたちは、モデルとして選んだネーションに祖国が近づくためにいくら努力しても、同じような存在になるのはほぼ不可能であり、ロシアはあらゆる点でモデルに劣っていることを理解したのである。

フランス革命をきっかけに、彼らの気持ちには変化が生じた。一八世紀後半のおよそ二五年にわたる非常に重要な時期のあいだ、ロシアでネーションの意識を育むための努力は、ピョートル大帝以来の強力な独裁君主によって支えられ、積極的に導かれた。その結果ロシアは、「文明社会」として目標にしていた国に比肩する立場を確保する。その独裁君主とはエカチェリーナ二世で、ピョートル大帝と同様にナショナリティの仲介者を自認しており、やはり同じように大帝と呼ばれた。エカチェリーナ二世はフランスの哲学者《フィロゾーフ》を賞賛し、フランスのフィロゾーフのほうでも女帝を賞賛する。彼女はピョートル大帝が教育に注いだ努力を継続し、（側近以外の）消極的な貴族たちのあいだにも市民としての価値観を叩き込むための努力を惜しまなかった。彼らの政治への無関心や、個人的快楽以外には無関心な習慣を改めない姿勢を取り上げては、印刷物のなかで嘲笑する。以前には存在しなかったやり方だったが、エカチェリーナ二世はこれを積極的に推し進めた。ところがフランス革命は、彼女が軽率にも後押ししたネーションとしての精神を広める活動が、最終的に行き着く先を明らかにした。その結果、エカチェリーナ二世は反啓蒙主義の啓蒙を始め、絶大な力を有するロシアという国家は、平等、自由、普及的主権を食い止める牙城となった。そしてこれらの価値観の導入を尺度にするなら、ロシアはネーションとして遅れているという思いを愛国者たちは強めた。

ロシア人にとっては、この劣等感がネーション意識を育む主な要因になった。すなわち、将来のロシア社会の文化的枠組み――集団的民族ナショナリズム――は劣等感によって育まれることになったのである。ロシアのナショナリストが賞賛し、積極的に模倣したモデルは、いまや怒りをぶつける対象となり、その感情は強くなるばかりだった。存在そのものが妬みの対象となり、賞賛するはずのモデルの優越性（暗に優越性を認めたからこそモデルとして選んだのだが）や存在そのものが耐え難くなり、**ルサンチマン**（*ressentiment*）が生み出された。このような心理的な強迫観念は――ニーチェが最初に理解したように――とてつもない創造力を秘めており、かつて選んだモデルの「価値観に対する再評価」が促された。その結果、かつてのモデルはアンチ・モデルへと変容し、ロシアというネーションはモデルを模倣するのではなく、モデルと対抗する存在として構築された。このようにロシアのケースでは、価値観の見直しが特に重要な役目を果たしたが、それは社会そのものが実質的に新しかったからだ。ピョートル大帝は一七世紀、征服した地域を支配下に治め、領土を一気に拡大していったが、その際、現地に残されていた制度のいっさいを破壊しつくした。そのためフランスとは異なり、有力なグループの集団的成果を反映する文化的伝統は消滅したので、文化的に誇れる伝統をネーションの意識に組み込むことも、ネーションの観念を解釈し直すための指針として使うこともできなかった。したがってロシア語と同様、ネーション意識はほぼゼロから創造された。しかも、外部から概念や条件を借りてきて持ち込むのではなく、その逆に、ほぼ反対の概念や条件が内面化された。平等、自由、普及的主権というネーションの価値観は受け入れられたものの、イギリスやフランスなど、ロシアの西側に位置する西洋の社会で導入されたものとは定義の仕方が異なった。普及的主権は独裁政治と、自由は農奴制と完璧に調和しなければならず、平等はほかのネーションとの比較においてのみ意味を成し、ロシアが一定の敬意を持って処遇されるためにだけ必要とされた。この敬意、すなわちロシアが自分たちに向けられた一定の敬意を認識し、自分たちが選んだモデルと平等な立場を崩すことなく、愛憎の入り混じった関係で永遠に結びついていることを認識できる点が、ネーションの尊厳を判断する基準になったのである。

こうしてロシアは、定義上は優秀なモデルをアンチ・モデルとして憎悪の対象にしたものの、モデルの見解へのこだわりを捨てられなかった。これは、ネーション意識のまさに核心に深い劣等感が潜んでいることの反映である。そのためロシアのナショナリストは、ロシアが少しでも侮辱されると過激に反応した。都合の良い状況では名誉を与えられることを強引に要求する一方、ルサンチマンをいつまでも手放さなかった。この心理的メカニズムが刺激され続けた結果、世界最高の文学、壮大な音楽の伝統、強力な科学が最終的に生み出されたのである。一九世紀以前には、いずれもまったく存在しなかったものばかりだ。ただし、これは最終的な結果である。ロシアでネーション意識が育まれていくあいだには、誇れるような要素はいっさい、言語さえも存在しなかった。それでも教養人たちは、ロシアはネーションだとすでに固く信じていた。では、自分たちと比べて「文明社会」だと考えられる存在とのあいだで、何を共有していたのだろうか。それは血と土である。そのため、血と土はネーションを決定づける特徴になった。かくして歴史の流れが大きくねじれた結果、「ネーション」という言葉は再び、生まれを意味するようになった。しかし今回、生まれは圧倒的な存在感を持った。血と土は子どもたちに奉仕と崇拝を要求し、尊厳の対象とされることを望んだ。

ドイツのナショナリズム

ロシアではネーションとしての意識が構築される過程に二人の「大帝」が積極的に参加したおかげで、世界で最初に集団的民族ナショナリズムが誕生した。一八世紀が終わる頃には、すでに確実に存在していた。しかし同じ時期、集団的民族ナショナリズムはドイツでも、中産階級の知識人――プロト・ロマン派（proto-Romantics）や初期ロマン派――から成る小さな集団のなかで発展しつつあった。一八世紀末の時点で、彼らは未だに社会のなかで上流階級や政府から注目される存在ではなかったが、ドイツ各地でフランス革命軍が目覚ましい勝利を重ねていくと、集団的民族ナショナリズムの傾向を一気に加速していった。ドイツではネーション意識が哲理として始まったため、ロシアの場合よりもはるかに理路整然としていた。実際、ドイツ哲学と共に、集団的民族ナショナリズムは世界中に普及した。ただしこの目覚ましい成果は、ドイツの思想家の沈思熟考の結果ではない。むしろドイツのナショナリズムはロシアと同様、ネーションとして考えられるものは血と土だけしかない社会にとって最も妥当なタイプだったからだ。ドイツで人種が強調される傾向が顕著になったのは、共通の言語という観点から共同体を定義した結果であり（ロシアと同様、ネーション意識が芽生えた当時、共通の言語を持たない特異な状況だった）、あるいは既に存在していたルサンチマンという実存的羨望の結果であり、原因だったわけではない。このあと皆さんには、それぞれのナショナリズムが形成された歴史的過程をご自身で学んでいただきたい。この入門書では、所属するナショナルな共同体が比較対象の共同体よりも劣っている事実を認識し、その結果として心に抱いたルサンチマンが、常に民族ナショナリズムの土台になっていることを指摘しておけば十分だろう。そのため民族ナショナリズムは、防衛本能が強い一方で攻撃に転じやすく、しかも非常に攻撃性が強い。このタイプのナショナリズムに備わった攻撃的な傾向が、あらゆる集団的ナショナリズムに内在する独裁主義的傾向と結びついて生まれた集団的民族ナショナリズムは、現代世界の国内外で展開される暴力的政治にとって、大きな刺激になっている。

ナショナリズムの形成プロセス

ここまで三つのタイプのナショナリズムを紹介してきた。オリジナルとなる個人主義的市民ナショナリズムと、そこから派生した集団的市民ナショナリズムならびに集団的民族ナショナリズムの三つで、ウェーバーのいうところの理念型である。いずれも、ネーションの当初の定義と（複合的統一体、個人の連合体、または単一組織、集団的個人など）、そのなかで成員となるための基準（市民が基準の場合には、ナショナリティと市民権が同一視され、原則として自発的に参加する。民族が基準の場合には、おそらく生まれ持つ状態が注目され、血統が重視される）の組み合わせからナショナリズムの中身が論理的に推論できる。さらに、これらの基本的な特徴からは、特定のナショナリズムが形成されるプロセスや状況が論理的に暗示される。プロセスが個人的経験から始まってネーションという観念が呼び起こされると、結果として個人主義的（そして論理的には市民という含意が込められた）ナショナリズムが誕生する。あるいは、ネーションという観念が外部から持ち込まれるところからプロセスが始まり、そこに個人的な経験が条件付けされると、集団的ナショナリズムが誕生し、さらにそこから市民タイプと民族タイプのふたつに分かれる。豊かで複雑な環境にナショナリズムが持ち込まれ、ナショナリズムの導入と構築に関わる関係者から高く評価されると、市民的ネーション（civic national）意識が生み出される。一方、文化的に不毛な環境にナショナリズムが持ち込まれると、モデルとなる文化との好ましからざる比較が行われ、集団の形成に関わるナショナリストたちは困惑する。その結果、ルサンチマンという心理的メカニズムを介して、民族ナショナリズムが育まれる可能性が暗示される。このように制度化、すなわち文化的プロセスを支える内面的論理が現実世界で体現化されるプロセスには、補足的な状況の影響が介在する。これらの状況は具体的な事例に干渉するかもしれないが、それによってナショナリズムの理念型が構築されるわけではない。したがって、観察対象となるナショナリズムが理念型であることは滅多にない。個々のナショナリズムは概してどれもひとつのタイプに当てはまるが、他の複数のタイプの要素も含まれる。

アメリカのナショナリズム

アメリカ合衆国の事例は印象的だ。おそらく個人主義的市民ナショナリズムの最も純粋なケースであるが、それにもかかわらず、文化のなかではエスニシティと人種という概念が著しく目立つ（すなわち、生物学的前提に裏付けられた民族性が明確化される）。政治においては集団の権利が論じられる（アファーマティブアクションなど）。その一方、行動、服装、とりわけ肌の色に表れる遺伝的に大きな違いが注目され、大学では多様性が追求される。さらに、精神医学でメンタルヘルスに注目する際には、疫学的傾向と人種との関連性に対して体系的に矛盾する証拠が指摘されても、頑なに拒む姿勢を崩さない。人種ごとに顕著な特徴を立証しようとする姿勢は、すべての人間は生まれながらに平等だと繰り返される主張とまったく相容れない。アメリカでは、ネーション意識の一貫性の欠如に驚かされるが、それは南部の州にアフリカから大量の奴隷が連れてこられたことだけが理由ではない（これはネーションとしての良心の汚点であり、二〇世紀には、「白い」皮膚を受け継いだ欧州からの移民は、その肌の色ゆえに集団的罪悪感を抱いた）。それよりはむしろ、このようなネーションとしての意識の中心には科学の存在があった。すなわち、現実は有形だとみなされ、物理的・有機的な物質を拠りどころとせずに何かが存在する可能性が否定されたのだ。これに対し、地図のすぐ下に位置するラテンアメリカでは、エスニシティ（民族性）、特に人種が果たした役割は予想外に小さい。そこには、ラテンアメリカでナショナリズムが発達した初期条件が関わっている。ラテンアメリカで発達した集団的ナショナリズムは独裁主義的傾向が強く、個人の権利は僅かしか尊重されず、北の大国への怒りを常にくすぶらせていた。ただし、ラテンアメリカの場合は市民ナショナリズムでもあった。先住民の人口が多かったため、スペイン人やポルトガル人やクリオーリョ（ラテンアメリカ生まれのヨーロッパ系の人びと）が大陸全体にネーションとしてのアイデンティティを普及させ、ネーションとしての意識を定着させることは不可能だったのである。アルゼンチンやブラジルなどの南米諸国は、一八世紀末から一九世紀はじめにかけてナショナリズムが形成され始めた頃、過去の目覚ましい成果を土台にして団結できるような状況ではなかった（まだ歴史は存在しなかった）。かといって、血や土に頼るという選択肢もなかったので、市民としての特徴に注目するしかなく、市民ナショナリズムが創造されたのである。

ネーションと言語

イギリス、フランス、ロシア、ドイツの四ヵ国の社会で最初にナショナリズムは発達し、その結果、いずれもヨーロッパではじめてネーションとみなされる存在になり、ほかの地域でのナショナリズムの発達に絶大な影響をおよぼすことになった経緯について、ここまで論じてきたが、言語についてはまだ取り上げていない。しかしこのような状況において、ネーションのアイデンティティや意識や感情が生まれる源泉や客観的条件とみなされる言語には、概してどんな役割が備わっているのか知りたくなるはずだ。たとえば英語を話す人はイングランドに、ロシア語を話す人はロシアに忠誠を尽くすというのが従来の考え方だった。しかし(あらゆる言語において)、それは事実ではない。言語には、アイデンティティを生み出す力は備わっていない。ネーションのアイデンティティやネーションの感情が言語に影響をおよぼし(場合によっては言語を生み出す)可能性のほうが、その逆の可能性よりもはるかに大きい。そしてこれは、ほかの民族的特徴、すなわち個人の意思とは無関係な帰属的な特徴にも拡大して考えられる。どれもアイデンティティや意識を生み出すわけではない。いかなる集団も、家族さえも、帰属的な特徴は多様性に富んでいる(適切に定義するなら、民族的多様性を備えている)。兄弟が男性で、姉妹が女性ならば、それぞれの帰属的特徴は異なるし、母親が青い目で、父親が茶色い目をしていれば、やはりそれぞれの帰属的特徴は異なる。逆に、このような細かい特徴に関して均質の集団が、かならずしも同じアイデンティティや意識を共有するわけでもない。中世ヨーロッパの農民と封建領主は、どちらもキリスト教徒だったかもしれないが、アイデンティティを共有しなかった。農民は農民として、封建領主は封建領主として認識され、疑いの余地なく考え方が異なった。言語に話題を戻すなら、話す言語も同じではなかった。庶民の言語は発音や語彙などが、封建領主の言語と異なった。たとえばロシアでは、封建領主は一九世紀になっても外国語をいっさい話さなかったが、それでも身分が違えば話す言語は同じとは言えず、今日のセルビア語とクロアチア語、さらにはカタロニア語とスペイン語ほどの違いがあった。農民と封建領主を一括りにして、**民族的アイデンティティ**について語るのは馬鹿げている。スイスのフランス語圏は、国境の向こう側のフランス語圏と民族的アイデンティティを共有しない。言語や宗教といった民族的特徴が違っても、スイスのほかの地域とアイデンティティを共有している。あるいは、イギリス人とアメリカ人とオーストラリア人はいずれも英語を話すが、同じ民族集団を形成しているわけではない。英語は、スコットランド人とイングランド人がアイデンティティを共有する役にさえ立っていない。常に存在する様々な帰属的特徴の一部に対し、文化が何らかの重要性を付け加えると、これらの特徴はアイデンティティと結びつくのだ。したがって、ナショナリズムが誕生する以前には、広大な領土に暮らす様々な階層の集団すべてを対象にした開放的なアイデンティティが形成される土台として、帰属的特徴が何らかの役割を果たすことはなかった。すでに強調したように、かつては地所がアイデンティティの土台だった。もちろん宗教は非常に重要だったが、宗教は帰属的特徴とはみなされない。実際、信仰は選ぶ必要があるし、同じ信仰を持ったからと言って、社会階層の異なる人たちがアイデンティティを共有するわけではない。つまり、**ナショナリズムが誕生する以前には、民族的アイデンティティは存在しなかった**のである。ナショナリズム、なかでも特に民族的ナショナリズムによって、帰属的特徴に文化的な意味が与えられてはじめて、あらゆる階層のあいだで帰属的特徴は共有されるようになったのだ。血や土に関連した物理的な特徴、すなわち「人種」も、宗教や言語に関連した文化的な伝統も、共有されるようになったのである。ナショナリズムが、かねてより存在していた民族的アイデンティティから発展したのではない。民族性が、ナショナリズムという新しい文化的枠組みのなかで誕生したのだ。民族性とは、原初的現実ではない。モダニティの顕著な特徴のひとつであり、ほかの特徴と同じく、ナショナリズムによってもたらされたのである。

言語とネーション意識との関係、さらに言うなら、いかなる意識との関係も、このように実に複雑きわまりない。

第3章

政治イデオロギー化するナショナリズム

新しい言語を通じた経験

言語は何よりもまず、思考の媒体である。思考（thinking）とは、曖昧な意識が明確な象徴として表現されたもので、認知プロセスが明確に象徴化されている。しかしこの点は、常にはっきり理解されているわけではない。「言語にはどんな機能が備わっているか」と問われれば、コミュニケーションという回答が圧倒的に多いだろう。でもちょっと考えてみれば、この回答が間違っていることはわかる。動物、いや昆虫でさえ（ミツバチやアリを思い出してほしい）、明らかにコミュニケーションを交わしている。しかも動物たちのコミュニケーションは見事なので、（言語を何らかのコミュニケーションシステムのメタファーとみなさないかぎり）言語の助けを借りる必要はない。もちろん、言語にはコミュニケーション体系としての機能が備わっているが、その点から判断するかぎり、言語は非常に効率の悪い体系であり、誤解を招くことも多い。言語が複雑になるほど、コミュニケーション体系としての機能は効率が悪くなっていく。そのため、生死に関わる状況で、事態を正確に理解することが直ちに必要とされるときには、言語はきまって大胆に簡素化され、象徴としての要素が極限まで削り取られ（それと同時に、定義が曖昧な意味も削除され）、記号体系となる。たとえば信号は、人類が考案したコミュニケーション体系のなかで最も効率が高いと言ってもよい。これと同じ理由で、政治的イデオロギー（都合の良い条件が整ったとき、洗脳の手段として採用される）も、言語を簡素化する傾向が強い。言語から不要な部分を削り取ってスローガンに仕立て上げ、非難や称賛をするために不可欠な部分だけがイデオロギー的メッセージとして残される。たとえば『動物農場』[1]には「四本脚は良い、二本脚は悪い」というスローガンが登場するが、それによって心の迷走を防ぐことができる。このようにイデオロギーは頭字語を好み、耳に心地よい形に言葉を修正したり組み合わせたりする。その結果、象徴と同じく感情を一気に高ぶらせ、心に影響をおよぼすが、その一方、スローガンに込められた意味のほとんどは取り除かれて見えなくなってしまう（「ナチズム」という単語を使う人たちの何人が、これは一種の社会主義だという事実に気づいているだろうか）。もちろん、ジョージ・オーウェルの『1984』[2]に登場するニュースピークは架空の言語だ。広く使われている言語が意図的に作り直され、別の言語に置き換えられて効果を発揮することなど作り話にすぎない。しかし、この明らかに人工的な偽りの設定をオーウェルは巧みに利用して、言語と思考の関係を分析している。言語には思考を生み出す能力があることを証明し、言語が破壊されれば――本来は様々な意味を持つ象徴が必要最小限の符号に作り変えられると――（コミュニケーションは改善されても）思考能力そのものが破壊されることを強調している。

　以上からは、次のような結果が導き出される。いかなる動物とも同様に人間は、物理的・有機的な現実を十分に意識することができる。火が燃えているストーブに手で触れれば痛みを感じ、寒い日には毛布のぬくもりに心地よさを感じ、空腹や満腹感、性欲などを経験できる。その一方、象徴的現実（あるいは人間に特有の現実）に関しては、言語がなければ十分に意識することも経験することもできない。実際、該当する言葉のない何かを経験するのは可能だが、この経験は漠然とした感覚にすぎず、他人と共有できないし、意のままに思い出すことさえできず、記憶のなかで追体験できない。いつの間にか消え去ってしまう。象徴的経験（人間に特有の文化的環境で生み出された経験）を記憶にとどめるためには、言語が欠かせない。経験を現実に組み込むことができるのは言語だけである。新しい経験が安定した領域を確保するためには、新しい意味領域が人間の存在に追加されることが前提となるが、新しい意味領域は言語によってのみ創造される。したがって、言語が関与しない社会的潮流を想像することはできても、言語がなければ社会的潮流の制度化は不可能である。いかなる社会秩序も、新しい語彙を創造するところから始まるのであって、それはナショナリズムも例外ではない。ナショナリズム誕生の地であるイギリスだけでなく、ナショナリズムが導入された世界中の国で、まずは新しい語彙が創造された。

ただしナショナリズムが制度化されるプロセスのなかで、英語が果たした役割は必然的に、他のどの言語よりもはるかに大きかった。大がかりな社会移動は、既存の文化的枠組みで暗示される現実のイメージとは相容れない経験だったため、ネーション意識の誕生につながった。すると、それをきっかけにナショナリズムの概念化が可能になり、実質的に新しい言語が創造された。新しい言語を必要とする人たちは増え続け、文化（すなわち、知識人がお互いに高め合い、無理なく協力し合う集団）がそれに応えた結果、英語は「近代化」されたのである。一六世紀のイングランドは、言語に関して驚くほど独創的な時代だった。それは一六世紀、オックスフォード英語辞典に新しい語彙が大量に追加された事実からも明らかだ。新しい造語、新しい概念、構文、単語の組み合わせ、慣用表現が目白押しだった。イングランドでは生活のあらゆる領域で状況が激変し、曖昧で馴染みのない感覚を個人が経験するようになったが、新しい語彙が追加されたおかげで、これらが公の場で表現されるようになった。このように言語によって客観化された経験は（前章で論じたように）社会的事実となり、事実は強制力を伴った。イングランド以外の人たちは当初、英語を使った英語の名前でこれらの経験（これらの社会的事実）に遭遇した。やがて英語からの翻訳が進むと、ネーションという新しい意識や、それによって構築された新しい現実すなわちモダニティは、イングランド以外の国へ伝わっていったのである。

基本的な語彙――ネーション、エンパイア、ステート

社会階層を取り巻く状況の変化は、社会生活のあらゆる領域の経験に影響をおよぼした。社会階層は他の制度を通じて自己表現を行う一方、他の制度の編成に関わっているため、いかなる社会秩序とも切り離しては考えられない。ただし、ナショナリズムは概して政治の領域と同一視され、この領域で最も顕著なので、ナショナリズムの制度化について検討する際には、政治的語彙の変化から始めるべきだろう。「ピープル（people）」や「ネーション（nation）」といった単語の意味が変化して、今日の私たちに馴染み深いネーションの観念が創造され、それをきっかけに大きな変革が引き起こされたことはすでに本書で取り上げた。しかしそれと同時に、従来使われてきた単語の定義が見直された結果、他にも複数の類似する概念が登場した。たとえば、「カントリー（country）」という単語の本来の意味は「カウンティ（county）」と同じで、行政単位や居住地域を指したが、それが「ネーション」の同義語となり、**パトリア**（*patria.*〔祖国〕古典的な市民的関与の対象）という高尚な意味を暗示するようになった。トマス・エリオットが一五三八年に編纂した羅英辞典ではすでに、パトリアは「countraye」と翻訳されている。[3] ジョン・ライダーが一五八九年に編纂した英羅辞典（*Bibliotheca Scholastica*）[4] は単語の分析に特化した辞書で、単語の使用法についての事例が紹介されている。たと

えば「countrey」は*region*〔地域〕、*natio*〔生まれ〕、*orbis*〔地球〕、「our countrey あるいは native soyle」は*patria*〔祖国〕、「a lover of his owne countrie」は*Philopolites*〔愛国主義者〕、「countrie man あるいは one of the same country」は愛国者、同国人という意味で使われた（BOX3・1を参照）。

「エンパイア」

早い時期から政治用語に加えられ、政治を論じる際には未だに大きな存在感を発揮し続け、国際関係に関する私たちの思考や行動の様式を形作っている単語のひとつが、「エンパイア（empire）」である。エンパイアは一五三〇年代に新しい語彙として追加され、具体的には政治的自決の権利、すなわち共同体が外部のいかなる行為主体――神、法王、神に任命された国王――の権威にも束縛されないことを保証する権利を暗示した。つまり、エンパイアは代議政治を意味した。意外にも、この斬新な概念化を促すきっかけは、一五三三年の上告法である。これは、ヘンリー八世が法王の権威に逆らって実行する離婚を正当化するために発布されたものだ。中世の政治思想においてラテン語の*imperium*――上告法によってはじめて英語化された――は、王の身分に備わった属性であり、世俗的な事柄を司る最高権威を意味した[5]（古代ローマの本来の意味では、凱旋将軍（*imperator*）になれば最高行政官の地位が約束された）。上告法はこの意味を拡大し、精神的な事柄に関する主権も認めた。序文では、「イングランドの領土はインパイア（*impire*）であり、世界のなかでインパイアとして受け入れられ、国王を頂点とする独自の最高施政機関によって統治される」と明言されている。この序文では観念の断新さを反映するかのように、言語の記述が定まっていないが、それがかえって主張の確実性を物語っている（まだ初期の辞書編纂者や法律制定者が使う単語の綴りには統一感がなく、奇異な印象に驚くかもしれない。彼らは間違いなく、当時のイギリス人のなかで最も教養が高かったのだから。ただし、彼らはすでに存在している言語を使ったのではなく、新しい言語を創造していたという事実を忘れてはいけない）。一五三三年の上告法をきっかけにヨーロッパでは、まったく新しい原理に基づいた権力者間の関係再編が正当化された。その後の数世紀でイングランド——後にはイギリス——はエンパイアを拡大すると同時に、人民主権の領域を拡大した。そして必然的に、ナショナリズムを支える開放的かつ強力な諸原理を、他の多くの含意と共に広げていった。大英帝国は、色々な意味でネーション解放運動のルーツになった。大英帝国がなければ、開放すべきネーションは存在し得なかった。

「ステート」

「ネーション」はむろんのこと、「カントリー」、「エンパイア」、さらには「コモンウェルス」（連邦）も加え、私たちがナショナリズムについて論じる際に中核を成す一連の概念は、一六世紀前半に誕生した。それ以前、これらの単語は（英語で使われたとしても）その機会は限られ、しかも社会の現実に関する封建的な見解を表現する手段として、それぞれ異なる意味が当てはめられ、異なる方法で使われた。しかし一六世紀に入ると、これらの単語はすべて同義語として解釈され、「主権を有するイングランド人民」を意味するようになった。その後、一六世紀末になると、「ステート」という単語の意味にも変化が引き起こされる（すでに述べたように、かつてステートには「地位（status）」や「所有物

(property)」という意味もあり、所有物のほうは、「地所(estate)」という形で原型の意味をとどめている)。「ステート」という言葉はエリザベス朝時代、議会の演説で使われるようになったが、ほとんどのケースでは、「地所」の一形態としての意味しか持たなかった。たとえば一五五九年の国王至上法[6]は、「教会の地所(State Ecclesiastical and Spiritual)に対する古くからの管轄権を国王に返還する」ことについて述べている。一五七一年の反逆法には、「ステート全体および王国(realm)の臣民の安楽」という表現が登場しているが、その後、一五八五年の女王の身元保証人のための法のなかでは、同じ定型表現のなかでステートではなく、「エステート」という単語が使われ、「この王国の地所(estate)全体の至福と安楽」と表現されている。ところが一六〇一年の補助金法[7]では、ステートという言葉の意味が変化して、序文には次のように記されている。「国王陛下の慎ましくも誠実で愛情深い臣民である我々は……ここに集い……話し合いを重ね……ステートにふりかかる恐れのある確実な危険から国王陛下および我々を守るために、必要と考えられるあらゆる手段を提供する……」。ここでは、ステートという言葉が立場を明確に示すために使われ、「王国」を意味するkingdomやrealmの代わりに意図的に用いられ、君主の個人的所有物としての政治体を象徴している。ここでは「ステート」は「コモンウェルス」の同義語になっている。非人格化された政治体であり、そのなかでは、国王に仕える慎み深くも誠実で愛情深い臣民が、国王と対等の身分であり、政治的決断に関して同じ権利を有することが示されている。全体としてこの法令には、議会が権力と自信を強めている傾向が反映されている。このような文脈で「ステート」という言葉が使われているのは、イングランド人民が自分たちに備わった権利を認識し、その権利を行使し始めたことの表れである。

議会はジェイムズ一世（在位一六〇三〜二五）の治世のあいだ、国家の行政に平等な立場で関わる権利を一貫して主張し続けた。それは、人民の代表としての議会の立場を強調する姿勢や、奉仕の対象に対する認識の変化からもわかる。国王の議会での演説でさえ、こうした変化を反映している。一六二一年の『下院への書簡』でジェイムズ一世は下院への不満をぶちまけたが、以下の発言からは、イングランドの統治は国王の排他的特権だと確信していることがわかる。「［下院］に所属する何人も、我が政府に関わる事柄や、ステートの重要な問題に対して、今後は干渉すべきではない」。このようにジェイムズ一世は、政治体に関する没個性的な新しい概念を取り入れることによって、イングランドが実際には共有型の組織体であり、多くの当事者の利害が関わっている点から注目をそらしたかったはずだ。しかし、国は専ら国王の所有物だという見解は、すでにまったくあり得なかった。

BOX3・1

愛国心

ナショナリズムの特異性を認識しておかないと、ナショナリズムの歴史的文脈を見失ってしまう。歴史的文脈、すなわち経験的文脈のなかでナショナリズムを理解しなければ、曖昧で無駄な理論しか立てられない。さらに、ナショナリズムにとって重要な問題から注意がそれて、些末な現象や副次的作用にばかり注目するので、概念に関する混乱が深刻化する。このような混乱がナショナリズムと民族性との関係では非常に広範囲におよんでいることはすでに述べたが、ナショナリズムと愛国心（patriotism）との関係においても広く観察される。

愛国心はしばしば、潜在的なネーション意識の反映として解釈される。さらに時として、ネガティブな表現があり得るナショナリズムのなかの、ポジティブな側面の反映や表現とも解釈される。いわば「良いナショナリズム」である。しかし実際には、愛国心はかならずしもナショナリズムと結びつかない。愛国心とは、パトリア、すなわち「父祖の地への愛情」を象徴する自然な感情であり、所属する共同体がネーションとして定義されるか否かにかかわらず存在するものだ。古典古代の市民感情――都市への愛着と献身――は愛国心の典型例だが、そこに反映される社会秩序のイメージは、ナショナリズムに包含される社会秩序のイメージとも、このイメージに基づいて現実に構築された制度や枠組みとも大きく異なる。このどちらとも――古典古代の愛国心とも近現代のネーションへの愛国心とも――異なるのが、中世のヨーロッパで普及した愛国心の観念、すなわちキリスト教の愛国心である。ここでは天の王国（*la patrie celeste*）がキリスト教徒にとっての真の祖国（パトリア）とみなされ、地上のいかなる領土でもなく、天の王国こそが最高の忠誠心を捧げる対象とされた。愛国者は十字軍兵士と同様、何よりも神を愛し、神のために戦った。

都市に愛着を持つ古典古代の愛国心や、天の王国に傾倒するキリスト教徒の愛国心とは対照的に、ネーションへの愛国心はネーションへの愛情と忠誠を特徴としている。もちろん、古典古代の愛国心と同様、特定の土地への愛情という形をとるかもしれないが、常にそうとは限らない。むしろネーションへの愛国心では、土地への愛情が最も重要な要素ではない点に注目すべきだ。

実際のところ、理想を熱心に追求することが主な目的だという意味で、キリスト教徒の愛国心のほうに類似している。愛情の対象となるのは社会組織や生活様式を支える原理で、なかでも特にふたつの構成原理、すなわち成員の基本的平等と普及的主権が重視される。それ以外にも、個々のネーションが特徴として選んだ原理が、愛情の対象として追加される。現代のネーションへの愛国心に備わった理想主義的な性質が最も顕著に表れているのは、アメリカの愛国心だろう。「アメリカ人には制度を与えてやれば十分だ。そうすれば、どんな立場に置かれようとも、ほとんど気にしない」と、チャールズ・マッケイは一八三七年に書いている。(8) しかしタイプの異なる他のナショナリズムと関連する愛国主義も、この理想主義的な特徴を共有している。

アメリカの事例が示すように、ナショナリズムを領土的個別主義と同一視すると誤解を招く。ネーションに関するスターリンの古典的な定義においては、特定の領土を所有することが決定的な要素とされ、ナショナリズムの研究者のあいだでは未だにこれが頻繁に使われている。しかし、この研究領域でスターリンの見解に従うべき理由など存在しない。言語学、医学など、この独裁者が空き時間に道楽半分で手を出した学問分野の例に漏れず、ここでも彼の見解は正当な理由による裏付けがない。実際ほとんどのナショナリズムは、誕生した瞬間からではないにせよ、最終的には特定の領土への愛着を伴う。しかし、領土がナショナリズムを生み出すのではない。実際にアメリカでは、ナショナリズムが領土を生み出した。ナショナリズムは概して、領土主義の具体的事例ではなく、異なる部類の現象に所属する。それは文化制度で、なかでも重要なのが、社会政治的な秩序形成が暗示される点だ。この文化制度は世界全体にも、世界のなかのいかなる領土にも等しく適用される。そして、主権を有する大衆によって構成される世界的政治体のなかで、すべての成員が基本的に平等であり、なおかつ立場の変更を許されるとき、ナショナリズムの枠組みで完璧なネーションが誕生するものとみなされる。

愛国心は常に何らかのアイデンティティを反映している。独特のアイデンティティの発展を反映しているケースは多く、アイデンティティの地政学的枠組みならびに（あるいは）名称は、かつて社会秩序が形成されていた場所にあったもので、あとから構築されたネーションがそれを受け継いだ。しかし、こうした個性的なアイデンティティ、たとえばフランス人や中国人という意識は領土と同様、ネーションのアイデンティティの代理として、あるいはナショナリズムが存在する証拠として作用するわけではない。フランス人に特有のアイデンティティも、中国人に特有のアイデンティティも、フランスや中国にネーションのアイデンティティが発達する何世紀も前から存在していた。実際にフランスのネーションのアイデンティティは、フランス人に特有のアイデンティティとして三番目に登場したものだ。最初に登場したのは、一二世紀から一六世紀にかけて存在した宗教的なアイデンティティで、フランスは教会、フランス人らしさはキリスト教に対する熱心な信仰として定義された。二番目は政治的アイデンティティで、ここではフランス国王の権力が本質的な要素となった。そしてフランスは国王の領土であり、フランス人らしさは臣下としての地位に付随するものとみなされた。このアイデンティティは、一六世紀から一八世紀末まで存在する。フランスという名称は変わらず、フランスの境界線もほとんど変化がなかったが、フランスのアイデンティティの性質が変わるたびに、フランスの名のもとでフランスの境界線のなかに存在する社会は変容を遂げた。フランスは以前と異なる組織として想像され、もはや過去のフランスと同じではなくなった（中国のアイデンティティのなかでの変化についても、後に論じる）。

「コモンウェルス」

〔チャールズ一世が処刑された一六四九年から、チャールズ二世が一六六〇年に復位するまでの〕空位期間に残された文書はある意味、過去一世紀半の大きな変化を決定づけた。たとえば、重要な**連邦設立法**は、以下のように明言している。

イングランドならびに、イングランドに所属するすべての自治領および領土は現在も将来も、コモンウェルス（連邦）およびフリーステート（自由国家）であり、これによって構成され、創造され、確立され、確認される。今後は、このネーションの最高権力機関、すなわち議会に所属する人民の代表によって、コモンウェルス（連邦）およびフリーステート（自由国家）として統治される。(9)

ここでは「コモンウェルス」の意味が微妙に変化して、政治的共和制を表しているが、「コモンウェルス」も「ステート」も相変わらず、主権を有するイングランド人民と同一視されている。人民は間違いなく政治形態ではないが、それでもステートやコモンウェルスが人民と同一視されたのは、どちらも新しい形の政治体、すなわちネーションを暗示していることが唯一の理由だった。

したがって、ステートの登場はナショナリズムの高まりの反映である。現代になって英語で使われ始めた当初の「ステート」は、「エリート人民」すなわち「主権を有する人民」から成る「ネーション」と同義語だった。ステートとして統治される政治体は自己統治型であり、あるいはこれと似通った条件のもとで、主権を有する人民の代表によって統治された。ステートの形態をとる政府は、個人の権威ではなく、人民による委任統治を土台とする非人格的な政府として定義される。

「ネーション・ステート」概念の屈折

「ステート」という言葉を聞いても「ネーション」や「主権を有する人民」という言葉ほど感情が高ぶるわけではない。それでも「ステート」は、これらの言葉の新しい同義語となり、その結果、ネーションという政治体を暗示する存在が、またひとつ追加されることになった。ただし、ネーションの定義に最も意味が近いのはおそらく「エンパイア」だろう。一連の同義語は、一五〇〇年から一六五〇年にかけて一般に使われ、議会文書で用いられる言語や政治思想に特に大きな影響をおよぼし、新しい集団的想像力を支える認知的土台となった。しかし、「ステート」という概念は、他の概念と比べてはるかに重要度が高かった。なぜなら、他の国、特にフランスとドイツで、ナショナリズムが形成されるプロセスに貢献したからだ。フランス語とドイツ語が話されている地域で（およそ一七〇〇年から一八五〇年にかけて）ナショナリズムが発達した当時、どちらの言語にもステートとよく似た *état* や *Staat* という単語がすでに存在し、広く使われていた。そのため当然ながら、新しい英語の概念を翻訳する際にはこれらの単語が当てはめられた。しかし意外でもないが、これらの単語には独特の意味合いが込められていた。綴りや発音は少し異なるだけで、英語の「ステート」と同一視されたものの、まったく異なる意味や概念を伴った。ナショナリズムが持ち込まれたとき、これらの概念は明らかに修正され、英語のステートに相当する単語はネーションの代議政体を意味するようになった。しかし過去の含意がまったく失われたわけではなく、逆に過去の含意のほうが、外から持ち込まれた英語の「ステート」という概念の意味を修正した。その結果、フランスやドイツのステートや、両国の影響を受けた国のステートは、英語のステートと決して同じ意味にはならなかった。そもそも絶対君主制や、ウェストファリア体制後の領土が属する者に宗教も属するという原則との関連性ゆえ、フランスとドイツの政府はどちらもネーションによる制約が少なく、逆にネーションに非常に大きな影響力を発揮した。しかもどちらの国においても、ネーションを単一体とみなす発想がこの傾向をさらに強めた。集合的個人として、ネーションは独自の意思や関心事を有し、それはいかなる――いかなる人数の――成員の意思や関心事にも影響されなかった。イングランドやアメリカと異なり（アメリカでは、一七世紀はじめにイングランドから最初の入植者が到着したときから、ネーション意識が存在していた。ネーション意識を持つ人びとが、自分たちのネーションの確立を決断するずっと以前のことだ）、フランスやドイツでは、ネーションの意思は大多数の人たちの意思に反映されず、特別の資格を有する人物の言動から推測されるものだった。当然ながら、この資格はステートに起因しており、ステートには、このような資格を有する行為主体（個人のリーダー、または少人数のエリート）という定義が当てはめられた。こうしてステートは、単に普及的主権を象徴する存在ではなく、普及的主権を体現する存在になった。ネーションを構成する人民ではなく、人民にとってのネーションを象徴する存在となり、その結果としてステートは、ネーション共同体よりも高く位置づけられた（BOX3・2を参照）。

フランスでは、このような形でステートが共同体よりも高く位置づけられ、ネーションの意思のスポークスマンの役割を与えられた一方、ナショナリティの市民的基準は捨て去られなかった。ナショナリティの市民的基準には、ネーション以前の自由人《リベルタン》の伝統が何よりも大きく反映されており、個人的領域での個人の自由が大切にされたが、それがネーション意識のなかに文化的遺産の一部として組み込まれた。さらにステートの力は、伝統的に影響力の強い「第四階級」によっても弱められた。第四階級とは知識階級のことで、一八世紀に貴族階級から出現し、従来の貴族階級に代わる存在とみなされた。彼らは美徳と知性を備えたエリートを自負しており、自分たちは少なくとも、神格化という資質に十分値すると主張した。これとは対照的にドイツでは、ステートの優位性を相殺する存在が何もなかった。（一九世紀はじめに）プロイセンの政府官僚がナショナリズムを信奉し始めたときから、ドイツにおいてステート（文書でも印刷物でも、精神的な支柱として固有名詞で扱われた）は、ネーションの意思とみなされた。ステートはネーションから切り離すことができず、ネーションの多くの行為主体のひとつにすぎないとはみなされず、したがって、ステートの存在しないネーションを想像することは不可能だった。そんなドイツのネーションとしての意識の枠組みは、知識人によって準備された。この知識人とは、一八世紀末から一九世紀はじめにかけて登場した教養ある庶民のことで、嘲笑的に**教養市民**（*Bildugsbürger*）と呼ばれた。そのためステートは、ドイツを構成する複数の公国に点在する数多くの大学で明確化される。ドイツの大学教授は祖国での身分が卑しく、公務員のなかでも顧みられない集団だったが、一九世紀に入ると、海外で絶大な影響力をふるい始めた。なかでもアメリカへの影響は大きい。アメリカの大学では社会科学（このなかには政治学、具体的には政治理論が含まれる）が確立され、ほどなく世界中のモデルとなるが、その担い手となったアメリカのジェントリー階級は、高等教育を受ける場所としてドイツを選んだのだ。その結果、ステートに関するドイツの観念は、大学で教えられるステートの観念になった。このようにして、ほとんどの文脈で意味のないネーション・ステート（nation state）という概念は誕生したのである。

BOX3・2

言語の力——排他主義的なネーション意識

新しい観念に対して既存の語彙がおよぼす影響力の大きさは、オランダの事例によって見事に立証されている。オランダでは一部の地域の実情を表現するため、中世末期にネーションという土着の概念が発達した。その結果、ネーションという観念やそれが暗示するネーション意識がイングランドで考案されても、オランダを構成する連合諸州で定着する余地がなかった。オランダでは「ネーション」という単語は概して、外国の貿易業者を集めて形成された居留地を表現するために使われた。アントワープ、ブルッヘ、アムステルダムなど北欧の大きな商業都市は、中世の大学と同様、外国人の共同体というネーションの初期の概念を採用したが、そこに独自の形で修正を加えた。そのため、ネーションに関するイングランドの新しい観念、すなわち政治的境界線に囲まれ、住人に開放的な共同体という観念はオランダ人の共感を得られず、強い印象を残さなかった。オランダ人にとっては、オランダをネーションとみなす発想は明白な事実と矛盾しており、何の意味もなさなかったのだ。もちろん、イングランド人は近隣の低地帯諸国をネーションとみなした（イングランドに匹敵する存在という前提で「ホラント」とみなし、あるいは「オランダ共和国」と呼んだ。オランダ人は独立した都市国家や同盟を名乗るほうを好んだが、そのような存在とは考えなかった）。しかし、低地帯諸国は一六世紀も一七世紀も、さらにはナショナリズムが広く普及したあとになっても、ひとつに統一されなかった。統一の機運が盛り上がらなかった根底には、新しい意識を表現するための言語を受け入れることができないという現実があった。

ここからは、別の重要な問題が浮上する。すなわち、すべての現代社会が独自のネーション意識を持つネーションとは限らないのだ。少なくとも二世紀半にわたりナショナリズムが優勢だった西欧も例外ではない。なかには、ネーション意識の発達を地域の実情が妨げているケースもある。ネーションという観念やナショナリズムの諸原則の導入にとって、ナショナリズム登場以前の思考様式が妨げにならなくても、あるいは一般的なネーション意識（世俗的な世界観が普及して、基本的にすべての成員が平等な共同体によって社会構造が成り立ち、集団的自治が可能な状態）が発達し、情熱的で影響力のあるナショナリストが成員のなかに含まれていても、地域独特のネーション意識が定着しないときはある。ネーション意識が特定の共同体で独自の発達を遂げず、共同体の内部で意識が集約されることも、将来のナショナリストのあいだに広がることもなかった西欧社会の事例としては、イタリアとスペインが挙げられる。

イタリアもスペインも独立したステートだ。ネーション意識（具体的には、ナショナリズムの中心的な政治原則である普及的主権という観念）から連想される政治形態、すなわち非人格的で原則的に代議制の政治が採用されている。ネーションとは、ネーションとしての集団的想像力を土台として構築され組織されるものだ。しかしナショナリズムの時代（ナショナリズムが政治組織の規範とされた現代）には、ネーションの条件に当てはまらない社会においても、ステートの形態の政府をエリートが採用することは珍しくなかった。王朝を守るため、あるいは純粋に個人的な野望のため、さらにはナショナリズムに触れて傾倒したためなど、独自の理由に突き動かされたエリートは、ナショナリズムが社会集団に広く訴えるために欠かせない構造条件が整っていなくても、ステートの形態を選ぶ可能性があった。このような場合には、ナショナリズムを広めるためのプロパガンダ活動を主に政府が引き受ける。その努力は大成功を収める場合もあり、たとえばロシアでは独裁主義の伝統が大きな効果を発揮して、権力者は臣民の生命や精神を司る絶対的支配者としての地位を獲得した。すでに論じたようにロシアのエリートは、きわめて有能な独裁者——ピョートル大帝——が考案したネーションという観念にくぎ付けになった。エリートは過激なナショナリストとなり、ネーション意識の原則に基づいてロシア社会を形作った。当時の社会は（そしてエリートも）民族や言語が多種多様で、文化的に統一されていなかったが、それが妨げになることはなかった。

イタリアとスペインもやはり、ひとつの政府のもとに多種多様な人民が統一されていたが（この場合にはスラブ系ではなくラテン系）、ロシアのようには成功しなかった。どちらの国でも知識階級のエリートは、一九世紀にナショナリズムの存在を認識して興味を持った（ナショナリズムのイデオロギーの信奉者として一九世紀に著名だった人物の一部、たとえばマッツィーニなどはイタリア人だった）。しかしどちらの国でも、ナショナリズムは二〇世紀に入ってようやく政治的イデオロギーとして優勢な立場を確保した。しかもイタリアではムッソリーニ、スペインではフランコのファシスト政権が確立されてようやく、ステートのイデオロギーとして政府から受け入れられる。どちらの政権も多彩な地域をネーションとして結合させるための努力を惜しまず、運命共同体から集団的アイデンティティを導き出そうとしたが、結局は失敗に終わった。さらに、市民のあいだにネーション意識を育む努力も実を結ばなかった。ただし、ネーションという観念を国家の管轄区域全体に等しく定着させることはできなかったが、一部の地域に植えつけることには成功しすぎてしまった。

今日バスク人やカタルーニャ人のあいだで発達し、そこまで過激ではないがイタリアのロンバルディア州でも観察される新しいナショナリズムは、すでに消滅したナショナリスト政権の部分的成功がもたらした直接の結果だ。これが何らかの勝利だとすれば、もちろん多すぎるほどの犠牲を払った末の勝利である。新しいナショナリズムによって、統一され強化されたネーションとしてのスペインやイタリアが創造されるわけではない。むしろ組織は破壊される。西欧の過去のナショナリズムや、他のあらゆる場所のナショナリズムと同様、地域独特の条件のおかげで新しいナショナリズムは誕生した。その結果、地域のエリートは共同体の見直しに関心を持ち、一般住民はエリートのメッセージを受け入れたのである。他の場所と同じく、これらの地域でナショナリズムがアピールしたのは、尊厳を伴うアイデンティティと地域に密着したナショナリズム

（スペイン人ではなく、カタルーニャ人やバスク人としてのアイデンティティ）が暗示されたからだ。**尊厳資本**は、自分たちが距離を置き、分離を願う共同体よりも大きかったのである。

科学と啓蒙主義

ネーションとしての独特の意識をナショナリズムは具体的な形で表現しているが、そんなナショナリズムをあらゆるナショナル・ステート（national state）（ネーションの政府のことで、ネーション・ステートと混同してはならない）は、自らの正当性を主張するための手段として常に利用する。したがって現代のあらゆる政治イデオロギーには、タイプが異なり特定の形態を有するナショナリズムが反映されているわけで、きわめて簡潔な形で（というのも、既に述べたように、イデオロギーには言語を簡素化し、思考を制約する傾向が備わっている）、特定のナショナリズムの政治的実体を核心で支える観念が含まれている。そしてほとんどのケースでは何よりも、ステートに関する観念に言及している。たとえば個人主義的市民ネーションの政府は、個人の自由、機会均等、市民社会に言及することで自らを正当化する。この三つの観念の複合体は**古典的自由主義**として知られ、自由民主主義体制を支えている。あるいは古典的（個人主義的）自由主義は、ナショナリズムが個人を自律的動作主体として尊重する古くからの伝統、さらには（もしくは）中央政府以外の場所に伝統的な権力基盤を持つ社会に浸透している稀なケースもあるが、原則としてナショナリズムを集団的市民ネーションの政治的合法性の土台に据えている（フランスやイスラエルはこれに該当するが、中南米には当てはまらない）。ただし、正当性を支えるこれらの観念は、本質的に**反イデオロギー的**である。自分の頭で考えるよう個人を促し、イデオロギーによる洗脳を妨害する。そもそも個人主義的ナショナリズムが発達するプロセスでは、個人の経験が何よりも重視されるので、説得や洗脳には好ましくない状況が創造されるのだ。（ネーションョン意識を構成する他の要素の代わりとして）、何らかのイデオロギーが個人主義的ネーションの一部の孤立した地域でもてはやされる可能性は考えられるが、概してネーション全体のなかでは支持されない。このような理由で、古典的自由主義はイデオロギーとして著しく効果が低かった。それよりもむしろ、啓蒙主義の哲学という形態で、あるいはもっと一般的には**科学的精神**として古典的自由主義は広がっていった。

科学の力

現代社会のイメージや現代の意識のなかで、科学は名誉と権力の対象であり、これには他のいかなる形の知的試みも太刀打ちできない。科学の目覚ましい特徴のおかげで、モダニティは歴史上でも突出した時代になった。科学の支えがあったからこそ、現代に生きる私たちの生活様式は概して楽観的な傾向が強く、私たちは明るい未来を確信できる。**進歩**という観念が蔓延し、現代の経験にとって欠かせない要素になった。このように科学は社会で中心的な場所を占めるため、当然ながら尊敬を集めるが、それと同時に、批判や攻撃も向けられる。科学は現代の世界観の象徴であり、モダニティのあらゆる恩恵の源として評価される一方、モダニティに対する拒絶感を促し、モダニティの多くの欠点の原因として非難される。現代のイデオロギー的・政治的対立のなかで激しい論争が交わされる際、科学はこのような立場に置かれるが、実際のところ、本家のイングランドでナショナリズムが誕生した早い時期から、こうした役割を演じながら機能してきた。

科学は当初から、イングランドというネーションの尊厳と関わっていた。様々な活動の傾向に変化が生じ、そのすべてにおいてイングランド人がライバルとの比較を行い、ネーションとしてのイングランドの優越性を言葉や行動で主張し始めると、ほぼ時を同じくして、競争心の強いネーション意識が発現した。たとえばイングランドの宗教は最も純粋な最高の宗教だとみなされたが、それにはなんと、「神はイングランド人だ」という驚くべき理由も含まれた。あるいは、イングランドの砲兵隊は世界一優秀だとされた。そして英語という言語は（すでに指摘したように、当時は言語として形成されるプロセスが進行中だった）、あらゆる言語――死語にせよ、当時使われていた言語にせよ――のなかで最も表現力に富み、最も美しく、イングランドの文学に勝る存在はなかった。イングランドの詩人は「当然ながら」、「アイスキュロス、エウリピデス、ソポクレスを凌ぐ」存在として認められるべきだと、一七世紀にドライデンは考えた。さらに彼によれば、パーセルの音楽は「いかなる外国人の作曲家にも匹敵した」。『驚異の年（*Annus Mirabilis*）』という詩のなかでドライデンは、イングランドの卓越性を科学と結びつけて以下のように表現している。

しかし、長いあいだ探し求めても知られることがなく
気の毒な人類が無知蒙昧な知性を働かせても手に入らなかったものが

この時代になってイギリスではじめて姿を現す
そして、将来はそれを賞賛するネーションに教えられていく[10]

あらゆる場所で競争は同じ基本的なルールに従うものだが、製品差別化もそのひとつだ。イングランドは文学の世界に遅れて参加した。一六世紀はじめ、エラスムスはロンドンで五、六人の文学者しか確認できなった。リーランドがロンドンで見つけた図書館はひとつだけで、しかも「蔵書は乏しかった」。エリザベス朝時代の文学者が素晴らしい成果を残したところで、イングランドの文化はフランスやイタリアに敵わなかった。どちらの国も古典古代を継承し、当時の文学の卓越性をけん引する存在だった。そこで古代と近代の戦いのなかで、イングランドは近代の陣営に入ることにして、文学ではなく科学こそ、ネーションの非凡な才能の宝庫だと宣言したのである。

一七世紀にイングランドの科学や科学全般に寄せられた賛辞を引用すれば、何時間もかかってしまう。文学や古典学問といった「些細な存在」への賛辞とは、比べ物にならない。トーマス・スプラットが一六六六年に刊行した『王立協会史』[11]は、全体が科学への賛辞一色である。ただし、他の場所と同様、当時イングランドで積極的に展開された活動は、まだほんの始まりだったことを忘れないでほしい。こうした大げさな賞賛のあとから、本物の素晴らしい成果が達成され、その結果としてベーコンは、「知識は力なり」と確信するようになったのだ。イングランドの初期段階の**科学主義**、すなわち制度化と発展に値する重要な社会的価値を科学に与えた思考様式は、科学の成果の記録に裏付けられたものではなかった。イングランドの国際的名声を高めるために貢献できる可能性が、科学には秘められているという確信に裏付けられていた。

科学に関して、一七世紀のイングランドには強力な競争相手が存在せず、したがって科学というニッチでは、本物の優越性が目に見えて達成されるチャンスが提供された。しかしこの事実以外にも科学という活動には、イングランドや後のイギリスのナショナリストが特に注目したくなる特質が備わっていた。自然界の現象や、それを制度化した科学の規範的な姿勢――権威を疑い、直接的な経験を重視する傾向、いわゆる「組織的懐疑主義」、そして何よりも個々の理由を尊重する姿勢――は、そもそもイングランドで始まった個人重視型ネーション意識を支える諸原理とのあいだに、大きな類似性が存在していたのだ。その結果、イングランドだけでなく――現代世界における科学の立場を理解するうえできわめて重要な事実として指摘できるが――イングランドで生まれたナショナリズムをあとから受け継ぎ、発展させたアメリカにおいても、科学は国が真っ先に努力を傾け、国際社会で競うべき領域として定義されるようになった。しかもイングランドで科学は、ネーションの精神を表現し体現する中心的な存在ともみなされたため、ネーションのまさにアイデンティティの一要素として科学は組み込まれたのである。

王政復古（一六六〇年）までには、イングランドは「経験的知識の土地」だという点で国内外の見解が一致するようになっていた。イングランドが世界最強の国となり、政治的にも文化的にもモダニティのモデルになると、イングランドの優先意識は他の社会にも押しつけられた。そのため他の社会は不本意ながらも科学の重要性を認識し、科学の優位性をめぐる競争に引き込まれていった。ただし、ネーションとの関わりを持つ科学の起源は決して忘れられず、決して許容されなかった。科学への攻撃は少なからず、個人主義的市民ナショナリズムに特有の様々な社会的価値観全体――とりもなおさず西洋の価値観や、自由民主主義の諸原則――に対する攻撃のカモフラージュだった。しかしいかなるネーションも、科学を完全に断念することはできない。科学は私たちの世界における啓示の手段となり、拘束力のある宗教的な意味合いを獲得した。というのも、すでに述べたように科学に関わるネーション意識は、特定のいかなるナショナリズムとも異なり基本的に世俗的で、世俗的事柄（五感で感知できる経験的実在の世界）に究極の意味を授けるからだ。その結果、経験的知識の重要性は必然的に大きく膨らみ、事実と究極の「真実」がおおよそ一致して、経験的「真実」と道徳的「真実」が混同された。実際のところ、経験的知識は私たちの時代で善かれ悪しかれ、比類なき大きな力を発揮している。しかし何よりも重要なのは、集団的アイデンティティと個人的アイデンティティのどちらにせよ、平等な共同体に属する平等な立場の様々な成員によってアイデンティティが定義され、あらゆる成員の尊厳が共同体の性質に左右される状況において、ネーションの知性の客観的な測定手段として科学が役立つことだ。科学はネーションのＩＱを象徴している。

イデオロギーとしてのナショナリズム

一八世紀には一般に、科学は啓蒙主義を支える哲学として賞賛された。実際、啓蒙主義には複数の種類があって、なかでも三つはよく知られている。イギリス、特にスコットランドの啓蒙主義、フランスの啓蒙主義、ドイツの啓蒙主義の三つだ。イギリスとフランスの啓蒙主義は、それぞれイギリスとフランスのネーション意識が表現されたもので、両国のナショナリズムが異なるように、啓蒙主義の中身も異なる。大体において、イギリスの啓蒙主義は実質的に科学哲学だが、それを背景で支えるのは、当時はまだ物理学、すなわち物質の科学にすぎなかった科学の範囲を、人間に関する事柄にまで拡大しようという動機だった。デイヴィッド・ヒュームやアダム・スミスなど、イギリスの啓蒙主義を代表する思想家が道徳哲学者を名乗ったのは、人類を道徳的現実とみなしたからだ。彼らにとって「道徳的」とは、私たちにとっての「社会的」と同じで、人間に重点が置かれる。道徳哲学者たちは科学の論理的・経験的手法（後には「推論と反駁」の手法と呼ばれる）を使って人間性の分析を試み、経験的社会科学を創造した。その存在論的前提には、本家イングランドのナショナリズムが反映されている。そのためイギリスの思想家は存在論的に個人主義者であり普遍主義者であって、（神が自分の似姿に創造した合理的な存在である）個人は、当然ながら社会に優先する存在であり、普遍的な人間性、なかでも人間の理性や心に従って社会は組織されると信じた。

フランスのフィロゾーフ（ヴォルテール、ルソー、百科全書派、重農主義者あるいは経済学者）は、フランスのネーション意識に備わった集団主義的な特徴や、そこに内在する独裁主義的傾向に従ったため、啓蒙主義への姿勢がイギリスとは大きく異なった。しかも彼らは、理性が社会組織に不可欠な要素だと強調したが（この意味では、間違いなく合理主義者である）、この理性は人類全体にとっての心的能力でもなければ、あらゆる人たちが経験を通じて確実に所有できるものでもなく、研究や分析の対象にもならなかった。むしろ彼らにとっての理性は、特権を与えられた少数の人たち、すなわち、一般意志を直観的に理解できるエリート知識階級（したがって高潔な人たち）だけに備わった、卓越した論理的能力を指した。そもそもイギリスの道徳哲学者は、社会的実在性を研究する学徒だったが、これとは対照的にフランスのフィロゾーフは、何よりもフランス人民にとっての教師であり、彼らの哲学は規範的な意味で道徳的だった。このような形の道徳哲学は信奉者にとてつもなく大きな影響をおよぼし、最終的にフランス革命を誘発したのである。フランスのネーション意識には、洗練された哲学が簡素な形で反映された。その結果、**イデオロギーとしてのナショナリズム**が歴史上はじめて生み出されたのである。このイデオロギーは政治思想に関する教えであり、政治的な説得や洗脳を意図的に試みるための手段でもあった。これをきっかけにイデオロギー政治は始まり、革命という新しい政治プロセスが世界に導入されたのである[12]。

フランス革命よりも以前、「革命（revolution）」という単語の意味は今日と正反対で、原初状態への回帰、すなわち事実上の復元を指した。この意味に注目するなら、たとえば一七八九年のフランス革命は、模倣に値する政治プロセス――一六八八年のイングランドの名誉革命――を見倣った事例として考えられる。一七八九年七月一二日にルイ一六世は、立憲君主制を支持するラロシュフコー＝リアンクール公爵フランソワ・アレクサンドル・フレデリクにパリの状況について訊ねた。公爵の報告を聞かされた国王が、「これは反乱ではないか！」という有名な言葉で驚きを表現すると、「いえ陛下、これは革命です」と公爵は修正した。しかし、当時フランスで進行していた出来事は、革命の本来の意味とはまったくかけ離れていた。それにもかかわらずフランスの状況にこの言葉を当てはめた結果、この単語の意味は様変わりしたのである。フランス革命は、社会秩序を意識的・意図的に変容させる試みだった。このような試みは、社会秩序が神の摂理の反映だと思われているときには想像もつかず、世俗的な意識の枠組みのなかでしか意味をなさない。現世のなかで、好きなように人生をおくる権利と能力（すなわち普及的主権）が人類に与えられた状況でのみ、意味をなす。要するに、ネーション意識の枠組みのなかでのみ意味をなすのだ。一八世紀後半のフランスでは特に、共同体のネーションとしての特徴が社会秩序（アンシャン・レジーム）に反映されていないという思いが、貴族階級や知識階級のあいだで広がっていた。フランスはネーションでありながら、ネーションではないかのように統治されている印象が強く、政治組織を本来の性質と協調させる必要があるように感じられた。社会は本来の姿で存在していないという解釈を前提にして社会の意図的な再編が試みられたのである。実際、アンシャン・レジームは不自然であり、本来のネーション社会が姿を現すためには、アンシャン・レジームを破壊する必要があった。そこでイデオロギーが注目される。政治哲学を簡素化したイデオロギーは、理解しやすい一方で誤解されにくい。そのため、中立的立場の人たちに向けて破壊行為を正当化して彼らの支持を獲得するために、イデオロギーが必要とされた。このフランスのイデオロギーは本質的に、集団的市民ナショナリズムが要約され、フランス啓蒙主義の思想家たちの教えが要約されたものだった。

ドイツの啓蒙主義

イギリスやフランスのケースとは対照的に、ドイツの啓蒙主義はドイツのネーション意識よりも少なくとも半世紀は早く形成されていた。当時の流行現象だった啓蒙主義が、主にフランスから持ち込まれたにすぎない。そして因習打破的でナショナリスト的な観念は、領土の現実とまったく無関係であるかぎり、かつてのロシアの女帝エカチェリーナ二世と同様、ドイツの絶対君主の多くを魅了して、彼らの支持を勝ち取ったのである。これらの絶対君主のなかの最重要人物は、プロイセンのフリードリヒ大王である。実際のところカントは、ドイツの啓蒙主義を「フリードリヒの世紀」と特徴づけ、その基本原則を「何を考えてもよいが服従せよ」という言葉で要約した。ドイツのほとんどの公国と比べればプロイセンは超大国で、フリードリヒが良いと判断すれば、それは小さな国の君主にとっても定義上、十分に良いものだった。そのためドイツの公国では（ほとんどの大学では神学が教えられていたにもかかわらず）、（根拠に基づいた）道理を聖書よりも重視する危険な教義が許容され、歓迎さえされた。聖職者になるための準備を進めている若い大学生たちは、自分に優れた知的能力が備わっていることを認識し、それを誇りにするようになった。さらに若者たちは適切な範囲内で個々の状況に応じて、自分は宗教に何を求めているのか考えるように奨励された。こうして教育を通じて庶民よりも高い地位が確保され、尊厳を獲得できるという確信が生まれた。

全体主義への道

ロマン主義の誕生

集団的民族ナショナリズムのあらゆる事例では、政治的正統性を裏付けるために使われるイデオロギーが、ドイツのロマン主義的ナショナリストの着想に基づいている。ドイツのイデオロギーの力は絶大で、世界のあらゆる場所の知識人に深い影響をおよぼした。現代政治について論じる際には、ドイツのナショナリズムが中心的な事例としてかならず取り上げられる。

イギリスやフランスのナショナリズムと異なり、ドイツのナショナリズムの創造に関わったのは貴族階級ではなく、中流階級の知識人だった。いくつかの理由から（一部についてはBOX2・1で取り上げている）、ドイツの多くの諸邦で貴族階級は現状におおむね満足していた。アノミーを経験したのは中流階級の知識人で、そのため彼らは社会状況の見直しと新しいアイデンティティを強く要求するようになった。中流階級の知識人、すなわち**教養市民層**は、ドイツの大学で誕生した。彼らの多くは低い階級の出身だったが、全体としては、教養のないブルジョア階級の成員よりも高い地位を享受することを期待できた。停滞した社会で上昇移動をするためには、教養がほぼ唯一の手段だったのである。ところが一八世紀に入り、イギリスやフランスでは上昇移動がとっくに標準的な現象になっても、ドイツでは社会的流動性が確認されなかった。教養市民層は末梢的な存在で、当時認められていたいかなる社会的カテゴリーにも属さなかった。

一八世紀末になると状況は悪化する。イギリスやフランスのネーション意識を反映して展開された啓蒙主義が、ドイツの有力な諸邦の多く（特にプロイセン）で哲学的運動として優勢になった結果、知識人は価値ヒエラルキーの頂点に位置づけられた。そのため知識人の自尊心は高まり、社会での高い地位の獲得を願った。ところがその結果、知識人が過剰に生み出されて雇用機会が減少する。せっかく教育を受けても雇用の可能性に恵まれない教養市民層の多くは非常に貧しく、常に不幸せだった。そして、彼らの一部は自分たちを受け入れてくれない社会の仕組みではなく、啓蒙主義そのものへの反発を強めた。啓蒙主義は多くを約束しておきながら、ほとんど何も提供してくれなかったからだ。このような心境の変化の結果として、ロマン主義（Romanticism）が誕生したのである。

ロマン主義とネーション

ドイツのネーション意識の概念的な枠組みは、最終的にはロマン主義によって準備された。ドイツのネーション意識全体の民族的・集団的特徴や、それ以外の多くの細かい特徴のかなりの部分は、ロマン主義によって説明できる。現在の文脈にとって特に重要なのは、ロマン主義の精神構造には反西洋的な姿勢（具体的には反フランス的であり、反イギリス的でもある）という一面が備わっていることだ。ドイツの啓蒙主義はヨーロッパの理想を受け入れ、フランスとイギリスをモデルとみなした。しかしその時点ですでにドイツ啓蒙主義の代表者たちは、フランスの啓蒙主義への憤りを隠さなかった。なぜならフランスの文学者は、本来ならドイツの作家に注目するはずの読者の関心をさらってしまったからだ。ドイツ人が嫉妬するのも当然で、この感情をロマン主義は高尚な原理へと昇華させた。その結果、フランスとイギリスはアンチ・モデルとして定義し直され、西洋の理想は害悪として拒絶されたのである。

長いあいだ、ロマン派の注目は私的な領域に集中し、自分たちの原理の政治的な意味合いについては論理立てて語らなかった。もしもドイツの諸邦（あるいはどれかひとつ）がネーションとして定義し直されれば、知識人にとって有利な状況が生まれたはずだ。なぜなら、知識人は最も地位の高い貴族階級に匹敵する存在になり、秩序が厳密な社会では許されなかった尊厳を獲得できるからだ。ところが、知識人は定義の見直しを要求しなかった。それは無駄な努力だったからだ。支配階級のエリート、すなわち貴族や官僚などの有力集団は、ナショナリズムにまったく共感しなかった。そのため、ロマン派の知識人はナショナリストにならなかったのである。そんな態度にようやく変化が訪れたのは、フランスの侵攻、その後のプロイセンの敗北がきっかけだった。

フランスでの革命のニュースが伝わると、ドイツではまずコスモポリタンな感情が息を吹き返した。当初、ドイツ・ロマン派の知識人のほとんどはフランス人を賞賛し、どこでも社会階級の転覆を約束する革命に胸を躍らせた。ところがフランス人は約束の実現を試みたものの、教養市民層には望み通りの恩恵がもたらされず、なかには（ヨハン・ゴットリープ・フィヒテなど）個人の利益が脅かされる深刻なケースもあった〔フィヒテは無神論者のレッテルを貼られた〕。その一方、フランスの侵攻は知識人に、支配階級のエリートと対等になれる（少なくとも象徴的な意味で教養市民層の地位が向上する）絶好の機会を提供した。そしてエリートのほうも、教養市民層と親密に交流することに抵抗感を抱かなくなった。支配階級のエリートは、フランス人の攻撃の対象になったからだ。その結果としてロマン派では、エリートの信条が「ドイツ人の信条」と位置づけられ、ドイツのエリートはほぼ一夜にしてナショナリストに変貌した（高潔なコスモポリタニズムやフランス革命への共感を捨て去り、いきなり過激なドイツ・ナショナリストに転向したケースの先駆けは、おそらくフィヒテだろう）。支配者、なかでもプロイセンの支配者は、これまで注目しようともしなかった地元の知識人たちの努力を歓迎し、フランスの脅威を撃退する手段としてナショナリズムを利用した。ドイツでは、啓蒙主義とその代弁者たちは（ドイツ語を話す一般大衆の注目を勝ち取るため、ロマン派と激しく競い合った末）、啓蒙主義から生まれたフランス革命との関わりゆえに信用を落とした。あとに残されたロマン派は、ドイツのネーション意識の形成を任され、ロマン派の原理に基づいてネーション意識を定義することができたのである。

啓蒙主義の原理の一部の要素――文学者には生まれながらに優位性が備わっているという確信や、

宗教上の教義を軽蔑する傾向——は、ロマン主義においては、同じく従来の教義に批判的な当時の有力な宗教運動と結びつけられた。それは、敬虔《けいけん》主義だ。ロマン主義を最初に創造した人たちの多くは、敬虔主義を信じる家庭の出身であり、敬虔主義を教える学校で学び、他にも様々な形で敬虔主義に触れてきたため、ある意味、ロマン主義への転向に抵抗感がなかった。敬虔主義は一種の神秘主義であり、主情主義〔人間の精神のなかで、感情・情緒・感覚・欲望の働きを重視する立場〕を大きな特徴とする。理性に疑念を抱く「心の宗教」であり、人間が救世主と直接的に神秘的結合を果たす能力は、理性によって損なわれると考えた。

ロマン主義は敬虔主義の伝統を世俗化し、宗教色を薄めていく環境で存続させることに成功した。ロマン主義が啓蒙主義のなかで真っ先に拒絶したのは、個人を理性の担い手とする発想である。ロマン主義によれば、理性や個人の自主性を強調すると、人間の機能は損なわれ、真の社会性から切り離されるので、疎外感を抱いて不幸になってしまう。要するに自主的な個人は、必然的に本来の自分から かけ離れ、ロマン主義が真の個性と考えるもの——矛盾するようだが、人間の全体性——を獲得できない。そこからロマン主義の発想はさらに飛躍して、真の個人と言える唯一の存在は共同体であり、人間は自己喪失を経験してはじめて、切り離された本来の自分を取り戻して「完全体」になることができるとみなされた。さらにロマン主義は、知識人としての活動領域は本質的に言語によって定義されるので、言語を共有する集団こそ真に道徳的な個人であり、人間の基本単位だと考えた。ロマン主義によれば、言語は物質的な基盤に支えられており、血縁——後には人種と呼ばれる——によって決定される。そのため、フランス革命とフランスによる侵攻の影響でロマン派の哲学に「ナショナリズムの要素が加わる」と、「ネーション」という観念の解釈は改められ、人種や言語によって創造される自然な共同体としてみなされるようになった。こうしてドイツのナショナリズムの枠組みでは、ネーションはフランスと同様に集団的個人として定義されただけでなく、民族共同体としての定義が追加された。この共同体の成員になる資格は生まれながらに決定されており、誕生時に持っていなければ手に入らず、誕生時に持っていれば失われることはなかった。

啓蒙主義批判

ロマン主義のあらゆる基本命題は、啓蒙主義の合理的な原則に基づいた社会で失敗する不安――それに伴う痛ましい経験――への防御メカニズムとして解釈し、（利用する）ことができる。ロマン主義の思考様式を底辺で支える観念――文化相対主義、全体性、個性、感情の高揚――が心の防波堤となり、悪いものを取り除いてくれると考えられた。大前提として理性の優越性を否定したうえで、理性と同様に正当性のある観念を代わりに提起すれば、あるいは理性の正当性を完全に否定すれば、優越性を表現ができない経験に直面しても（あるいは経験しそうになっても）、それに伴う痛みは和らぎ、自尊心は実際に（あるいは潜在的に）傷つけられない。すでにヨハン・ゴッドフリート・ヘルダーは、理性を普遍的な原理や達成基準とみなすことも、別の文化が採用する基準にしたがって文化を判断することも不可能だと論じていた。文化は、他の文化と比較するものではない。重要なのは文化にどれだけ「統一性」があり、本来の性質にどれだけ忠実で、「個性」といかに調和するかという点だった。

こうして文化の「全体性」が文化の「個性」になった。このような個性を文化がどれだけ表現し、能力を十分に発揮できるかという点だけが、文化を判断する基準となり、さらには文化の任務や目的になった。そのため、文化の本質がどうあろうとも、個性が十分に発揮されるほど高く評価された。全体性は道徳的な健全性と同一視され、偏向性（そして周縁性）は不健全さや腐敗と同一視された。同じ原則は芸術や言語など、文化のあらゆる部分にも当てはまるが、なかでも重要なのは、個人にも当てはまったことだ。「すべての人の行動は、内に秘めた気質にしたがい、専ら自己に起因しなければならない」とヘルダーは記した。[13] 同時に、内なる能力の達成という基準以外にも、文化や個人の一部だけでなく、あらゆる文化に適用される基準があった。たとえば文化のあいだの違いは、人類の様々な能力を表現できる可能性の違いであり、「分かたれない魂」がどれだけ達成されているか、すなわち感情と感覚が理性とどれだけ調和的に共存しているかによって判断された。この文脈では、「個性」をある程度まで無視した「全体性」が、分かたれない魂や「全人」を意味することになった。この全体性という概念は、ロマン主義の重要な理想（少なくともスローガン）のひとつとなり、一九世紀のあいだ一貫して思いがけない文脈で繰り返し登場した。たとえばフリードリヒ・シュレーゲルは次のように明言している。「個性（individuality）とはまさに、人類特有の永遠の存在である。人格（personality）は大して重要ではない」。一方、ヘルダーリンは一七九三年、「個人は私にとって以前よりも意味を持たない」と告白し、次のように続けた。「私は人類を愛する。もちろん、あまりにも頻繁に出会う機会の多い、腐敗して卑屈で怠惰な人類ではない……私は今後数世紀にわたって登場するはずの人類を愛する」。[14] ロマン派は「全体性」と「個性」の定義を見直した結果、現実に存在する——当然ながら不完全な——個人を捨て去ったようだった。

偏見は全体性を損なうので、一見すると自然の摂理に反する印象を受ける。しかし偏見を取り除いた状態で、完全な合理性と完全な主情主義を結びつけるのは簡単ではない。実際、偏見にとらわれないロマン派の姿勢は長続きしなかった。理性は人間の資質のひとつにすぎず、生まれつきの気質の一部であり、全体性を構成する要素のひとつだという命題からスタートしたものの、まもなくこの命題は不自然で、全体性の障害となり、「全人」を細切れに分割する手段、言うなれば疎外感を引き起こす凶器とみなされるようになった。理性に基づき、理性を高く評価する社会や文化では、このような壊滅的な分断状態が制度化され奨励される。そのため文化相対主義の代わりに、新しい絶対的な判断基準が採用された。ドイツで理性の価値が徹底的に貶められ、非合理的で軽率な正反対の価値が高められたのは、中流階級の知識人を見捨てた社会に対するロマン派の拒絶感が直接的に表現された結果であり、ロマン派の最も顕著な特徴になった。その結果、新しい教養が確立される。新しい教養は全体性や「全人」の信条を擁護して、理想を独特の方法で定義した。すなわち、かなりの部分を削り取り、実際のところ人間性を「排除した」のである。

ロマン派と社会

社会と政治は、ロマン派の注目の中心ではなかった。いずれもあまりにも世俗的だとみなされたからだが、実際のところ社会と政治は、きわめて重要な社会哲学の土台を築いた。ロマン派の世界観の例に漏れず、この社会哲学には、教養市民層が自分たちの暮らす社会に対して抱く強烈な嫌悪感が反映されている。社会からの疎外感を抱く教養市民層の社会哲学は、全体性と個性の原理を具現化していた。その基本的な教義は、ヘルダーによって最初に明確化された。ヘルダーによれば、各社会の個性は、その物質的条件に起因している。神は社会を特定の環境に置くことによって、社会に特定の原理を提供し、その土台の上に社会は組織されるものだとみなされた。したがって物質的な条件は与えられるもので、選ぶことはできない。そして、個人と同様に社会が道徳的な完全性を手に入れるためには、与えられた環境によって決定された特性に身を委ねなければならない。「存在という概念と完全性は、まったく同一だ」とゲーテは語っている。[15] ロマン派は、この必要性を誇大に賞賛することをためらわなかった。ところがおかしなことに、この原理は近代の、すなわち「啓蒙された」社会——当時フランス、イギリス、プロイセンに象徴される社会——には適用されなかった。啓蒙化された社会は理性を重んじたため、物理的条件が反映されているとは解釈されなかったのだ。近代社会の現実は、独特の完全性の象徴とはみなされなかった。むしろ近代社会は人間社会の例外であり、規範から逸脱した存在と考えられた。理性が重んじられず「有機的」だった過去の社会は、分業の影響をほとんど受けず、共同体の団結は強く、人間は「全人的」だった。対照的に近代社会では、罪深い理性の影響で共同体は分断された。全人的だった人間は分割され、全体の一部となり、影のような弱々しい存在になってしまった。理性は感情を弱め、心と頭、支配者と人民、頭脳労働と肉体労働を切り離した。共同体には不安と強欲が蔓延し、イングランドで観察されるような荒唐無稽な自由は、奴隷制の実態を覆い隠した。ヘルダーは次のように記した。初期の社会では、人間は「詩人、哲学者、測量技師、立法府の議員、音楽家、戦士など、あらゆるものに」なることができた。しかし近代社会では分業が発達したせいで、「考えるのも感じるのも中途半端な人物、行動を伴わない倫理学者、英雄ではない叙事詩人、行政官ではない演説者、芸術を愛好するが芸術家ではない立法府の議員が創造されてしまった[16]」。

「啓蒙化された」社会に対するロマン派の攻撃は、彼らの個人的経験が一般化されたものだ。啓蒙主義の約束が実現されなかったため、理性は人間を共同社会から切り離すものと考えられるようになったのだ。理性を尊ぶ社会は人間を激しい孤独に追いやるだけで、不自然であり不幸でもあった。そこで、この不自然な社会と、理想的な自然な共同体のイメージを対比させた。ロマン派にとって理想的な共同体は、もはや孤独や疎外感とは無縁の存在で、いかなる人もいかなるものも除外されない。集まってくるすべての人、すべてのものが、全面的に受け入れられる。要するにロマン派は、全体主義の社会を思い描いたのだ。

ステートに融合する個人

ロマン派はあらゆる方面で合理主義と戦うことに全力を注いだため、理性的な議論も軽蔑の対象とされた。明確な定義、すなわち何らかの概念についての具体的な見解をロマン派は嫌悪して、混乱を歓迎した。実際のところ、全体主義は人間にとって自然な状態だという見解は、ふたつの混乱によって支えられた。まず、具体的な社会と、一般の社会的現実が区別されなかった。次に、社会と社会的現実とステートの関係が明確に示された。この新しい見解は一九世紀はじめ、正式に定式化される。それを手がけたのは、ロマン派の卓越した政治哲学者アダム・ミュラーだった。

「ステート」という単語を「社会」「社会生活」「市民生活」「市民としての存在」などの同義語とし

て使うならば、ステートは「市民生活そのものの総体」だとミュラーは主張した[17]。彼によると、人間は社会的存在であり、社会のなかで暮らすことは人間にとって自然だった。社会の外で人間の存在は不可能であり、過去にも常に不可能だった。当然ながら、ステートが存在しなかった時代などない。実際のところステートは人間性そのものであり、ミュラーは次のように説明している。

ステートは完全に自律的な存在であり、人間の気まぐれや発明の影響を受けない。人間と同じ場所から直接創造されるもので、創造主は大昔には自然や神と呼ばれた……人間がステートの外で存在することなど考えられない。ステートとは、感情、思考、精神のあらゆる必要性を具現化した存在である……［人間は］ステート以外の場所で存在し得ない……ステートの外には、人間を支えるものがいっさい見当たらない[18]。

もしも「ステート」が「社会的現実」を意味するだけなら、この情熱的な散文は、社会学ではわかりきった無害な主張を繰り返しているにすぎない。ところがこれは直ちに、道徳的・社会的衝動を正当化する理由に変化した。自らの本質、あるいは個性や全体性に忠実になることは、人間存在の目的であり、倫理的行為に関わる問題だと明言されたのである。社会との一体感を持てない人間は、個人でも「全人」でもない。そして「ステート」や「社会」は、特定のステートや社会――祖国――も意味するので、特定のステートの存在と完全に融合してこそ、真の人間になる必要性は満たされると考えられた。ステートとの融合なくして人間の個性は存在し得ない。個人の人格など、ステートの個性の前には圧倒されてしまう。なぜなら、ステートは個人でもあるからだ。意思を持ち、生きている有機体である。「ステートは、個人と同じような人間だ」と、ノヴァーリスは語る。「ステートと人間の関係は、人間と一個人の関係と同じ」なのだ[19]。ステートのなかでは、ネーションにとってのあらゆる物理的なニーズと精神的なニーズ、物理的な富と精神的な富の全体、内面的生活と外面的生活のすべてが密接に関わり合い、その結果、際限なく活動的で、生命力にあふれた巨大な統一体が創造される」とミュラーは主張している。ステートの目的は、個性の維持である。生命ある有機体としてのステートの特徴を理解すれば、特定のステートに変化を加えようとは思わなくなる。「もしもステートを、あらゆる小さな個人を包含する大きな個人とみなすならば、人間社会は威厳に満ちた完全な人格となり、それ以外には考えられないことを理解できるようになる。ステートの内面的・外面的特性や構造形態について恣意的に推測する気にはなれない[20]」。高尚な目的を掲げるステートは、構成要素である小さな個人の自分勝手なふるまいや無関心、熱意のなさを決して容認できない。このような理由から、ミュラーは中世のステートを擁護した。「権力の範囲外にあるすべてのものへの」不寛容な姿勢を評価して、次のように述べている。

市民としての美徳にまったく反する徳が内部に蔓延している状態を……どうしたら……容認できるだろうか……形式的な義務とまったく相容れない傾向、あらゆるナショナリティと矛盾する研究に熱中する科学、怠惰で臆病で狭量な宗教は、どれも政治生命の活発な精神を完全に破壊するのではないだろうか。これはステートの内部の状態よりも悲惨だ[21]。

ここに個人的領域と公的領域の区別はなく、厳しい市民生活の影響から個人が逃れられる場所は、どこを探しても見当たらない。

ドイツ哲学への影響

「威厳を増し続けるステート」を崇拝するのは、夢見がちなロマン派の文学者たちだけではなかった。この主題に関する漠然とした感情的表現は、他の分野の学者集団のあいだでも共有され（同じような形で、徹底的に議論の対象にされた）。たとえば哲学界の大御所は（ロマン派のサークルに個人的に関わったフィヒテやシェリングだけではない）、理性を公然と放棄する代わりに、定義を見直すことによって理性の存在を抹消した。そのうえで、ステートに関する集団的・全体主義的見解を支持するだけでなく、独特の鉄壁の論理によって新しい見解の強化に努めた。この問題に対するカントの立場は揺れ動いたが、ヘーゲルの理論にはいっさいのブレが見られない。ヘーゲルにとって、ステートは有機体であり、「倫理的全体性」を備えた存在であり、いかなる人間の真の個性、すなわち人間性も、ステートを媒体としてのみ表現された。ステートは「すべてが達成された成果であり、完璧な形で成就した事実であり、そのなかでは個人の本質的な気質が表現され、個人に特有の存在は、専ら普遍性という形で意識される」[22]。ロマン派の主流と同様にロマン主義者のヘーゲルは、個人の関心事と集団の関心事は完全に統合されるべきだと主張した。何らかの特定の関心事が許容される社会や時代では、個人は分割されてしまい、真の（社会的）性質からも、ひいては自分自身からもかけ離れてしまう。

人間と同様、ステートもお互いに優劣を競い合い、「突出した重要な存在になることを真摯に追求しながら」成長していく。これはごく自然なことだが、この欲求を満たすために選んだ主な手段も、ロマン派にとってはごく自然だった。それは戦争である。戦争とは、「観念を洗練させるための優れた仕組みであり」、「人類の内なる運命」を反映すると考えられた(23)。戦争では、ステートの個性が最も強烈に表現され、完全な形で姿を現す。これに対し、平和は不和を増幅して統一を損なう（BOX3・3を参照）。

ドイツのロマン主義は、学派の枠には収まり切れない大きな存在だった。意識の一形態であり、実存的な指針であり、マルクスと同じようには描写できない現実についてのビジョンだった。すなわち、現実を意識的に自覚した。さらに、ロマン派のビジョンは創造者の経験によって誘発されたので、経験に対処するために役立ち、そのプロセスのなかで現実は変容を遂げた。一八世紀末、全体主義的な欲望を中核に据えたロマン派のメンタリティは、知識人の狭いサークルのなかに封じ込まれていた。しかし、ロマン主義がたまたまドイツ・ナショナリズムに枠組みを提供し、一九世紀はじめにこの新しいナショナリズムが登場すると、全体主義は一大政治勢力になったのである。

ファシストによる全体主義の完成

ナショナリズムが政治イデオロギーに変容する引き金になったのは、ジョヴァンニ・ジェンティーレやムッソリーニが思い描いたイタリアのナショナリズムである。「全体主義」という用語を考案したジョヴァンニ・アメンドラは哲学者としての教育を受け、ムッソリーニの立場はドイツがルーツである点に注目し、その立場を批判した。そしてファシストの政策に込められた反リベラル的な意味を強調するため、(一九二三年に) 全体主義という呼び方を始めた。ところが、この新しい言葉はファシストのイデオロギー信奉者に熱烈に受け入れられ、彼らの精神や理想的なファシスト国家を特徴づけるために使われた。ファシストは、「ネーションを全体的な形で象徴し、ネーションの目標を全体的な立場から導く」ことを望むと誇らしげに認めた。[24] ムッソリーニはいかなる生活領域もステートの外に残しておくつもりはなく、その意向を表現したうえで、人間のあらゆる活動は政治的ニーズに役立てられるべきだと主張して、次のように明言した。「我々は、チェスの中立性ときっぱり縁を切らなければならない。我々は、『チェスのためのチェス』や『芸術のための芸術』といった原則をきっぱりと非難しなければならない。チェスプレイヤーによって特殊部隊 (shock brigade) を編成し、チェスの五ヵ年計画を直ちに実現しなければならない[25]」。ここでムッソリーニは、ロシア革命の指導者として大いに賞賛するレーニンを思い浮かべていた可能性が高い。しかし彼の思想は (その意味ではレーニンの思想も)、少し前に引用したアダム・ミュラーの熱烈な考察をそのまま取り入れたものだ。

ドイツのロマン派や観念論哲学者の研究のなかで、**個性**や**全体性**の絶対的なアイデンティティを確立するための表現としての全体主義は、そもそも全体主義という言葉は誕生した。哲学やイデオロギーや感情として、根本的には、ナショナリズムやモダニティ、個人の自由を強調する民主主義への心理的な反動である。これは過激な思想であり、心理的な性質から判断するなら、「反動的な」形態の近代集団主義である。ところが、近代集団主義には歴史的要素が加わる可能性もあり、そうなると心理的な反動よりもむしろ、文化的伝統が表現される。さらに、集団主義の伝統は全体主義的による反動を強化して、全体主義の制度化に寄与するとも考えられる。集団的ナショナリズムの一部は、そして集団的ナショナリズムによって育まれる「社会」民主主義や「大衆」民主主義は、明らかに文化的伝統と集団的伝統の双方を土台としている。しかし、集団的伝統がなくても全体主義の制度化は可能であり、実際のところあらゆる個人主義社会や自由民主主義のなかで、構造がまだ完成していない全体主義は重要な社会的潮流になっている。世俗的な平等主義社会の状況での全体主義の反動は本質的に、個人を自主的な動作主体とみなす観念に向けられた反発である。そこには、自由という理想（不自然であり、反社会的である）を拒絶する気持ちが暗示されている。個人の自由を拒み、集団への個人の服従を道徳的な信条として主張して、それを目に見える行動だけでなく、とりわけ思考や感情のなかでも要求する。

BOX3・3

ナショナリズムと暴力

ネーションごとにナショナリズムのタイプは異なるが、侵略戦争に取り組む姿勢の傾向と、戦争中の敵（特に非戦闘員）への残酷な処遇の違いはその原因のひとつとして考えられる。これらの傾向は、ふたつの命題によって説明できる。

まず集団的ナショナリズムは、個人主義的ナショナリズムよりも侵略戦争に積極的な姿勢が強くなる可能性が高いが、それにはいくつかの理由が考えられる。原則として、個人主義的ナショナリズムは排他的ではない。なぜなら、個人の道徳的優位という普遍主義的な原則に基づいているからだ。これはネーション共同体に所属するか否かにかかわらず、男女を問わず、いかなる個人にも当てはまり、その結果、「我々」と「彼ら」の境界線はしばしば曖昧になる。そもそも自分が所属するネーションが、外から攻撃を受けて不満をくすぶらせる可能性のある生命体だとは考えられない。さらに他のネーションは集団的個人であるとか、自分たちに悪意を抱いて侮辱を加える可能性があるとも考えられない。そして、あらゆる闘争において首謀者と犠牲者が特定され、直面する問題や相手が抱く見解次第で、共感は反感に、反感は共感に変化する。さらに個人主義的ナショナリズムは定義のうえで多元主義である。そのため、何がネーションのためになるのかという問題に関して、複数の意見が存在する可能性が暗示される。そうなると個人主義的ネーションでは、人民を戦争に駆り立てるために必要なコンセンサスを得ることが非常に難しい。侵略戦争の場合に特にその傾向が強いのは、敵から直接的な脅威がおよぶ可能性など、ネーションの人民には想像できないからだ。対照的に集団的ナショナリズムは、地政学や文化（後天的な文化という意味）、あるいは、おそらく固有の民族的観点のいずれから見ても、排他主義の形をとる。「我々」と「彼ら」の領域はかなり鮮明で、ネーションと相反する要素を含む多元社会ではなく、本質的に合意に基づく社会である。このように排他的で、しかも合意に基づく社会という資質のおかげで人民を動員しやすいが、どちらの資質も、集団的ナショナリズムが誕生するプロセスの特徴と関連している。個人主義的ナショナリズムは、上昇移動によって成功を収め、自信を深めた集団（イングランドや、後のアメリカ合衆国）によって明確に表現され、しばしば広い社会基盤を持つ。対照的に、集団的ナショナリズムを表現するのは少人数のエリート集団だ。彼らは脅かされる可能性のある地位を守るための努力を惜しまず（一八世紀のフランスやロシアの貴族階級、一九世紀のルーマニアの下級貴族、一九二〇年代のイラクのスンニ派アラブ人エリート）、あるいは地位の改善が思うように進まず不満を募らせる（たとえば、一八世紀末のドイツで少数の知識人が形成した中流階級）。このように地位を切望するエリートは、自分たちの共同体——政治、言語、宗教、人種など、自分たちが成員やリーダーとして影響力を発揮できる可能性を秘めた領域——をネーションとみなす。さらに自分たちの不満をネーションの不満として、自分たちをネーションの代表とみなす。そして、多種多様な要素から成る大きな集団の連帯を強化するために、不幸の元凶としてネーション内部の行為主体を非難して孤立させるのではなく、（常にではないが）ネーションの外側の存在に非難の矛先を向ける。内部の要素を非難する場合には、行為主体は敵である外国人の手先として行動しているか、あるいは共謀しているものと定義する。つまり彼らの観点からすれば、ネーションは最初の時点から、憎悪を共有することによって統一されている。

二番目の命題は、戦いの最中の行動に関わる。市民ナショナリズムと比べて民族ナショナリズムは、敵の集団に対して残虐行為を働きやすい。なぜなら、市民ナショナリズムはたとえ排他的な傾向があっても、人間は基本的に均質な存在だと考える。外国人は国籍が違っても仲間であって、何らかの努力次第で同国人になれる可能性さえあると考えられる。対照的に民族ナショナリズムでは、「我々」と「彼ら」の境界は原則として崩すことができない。ナショナリティは生来備わっている特性として定義され、各ネーションは実質的に別個の種とみなされる。もはや外国人は、同じ仲間として扱われず、同国人として扱うべき道徳的義務など存在しない（他の動物種を仲間の人間として扱う義務がないのと同じだ）。実際、民族的ネーションの定義そのものが、道徳的な行動（人道的な行動、適切な行動など）にダブルスタンダードが設けられていることを前提としている。「人道に対する罪」を引き起こす敵の集団を「悪者扱いする」傾向は、民族ナショナリズムの一部として組み込まれている。こうしたナショナリズムの枠組みのなかでは、そもそも敵の集団はかならずしも人間とは定義されない。このように相手を「悪者扱いする」傾向は、民族ナショナリズムが形成される過程で顕著なルサンチマンと関連している。ナショナリズムはしばしばルサンチマンを促し、常に強化するのだ。ルサンチマンの対象は当初、常に優れた存在であり（さもなければ、相手と平等な立場を主張する理由などない）、したがってモデルとみなされる。ところが特定の民族的ネーションとのあいだに実際にどれだけの不平等が存在するか認識された途端、モデルはアンチモデルとして定義し直される。その結果、ネーションのスポークスマンや設計者の心のなかで、対象は矯正不可能な悪の権化となってしまう。しかもこれは生来備わっている特質なので、相手は永遠の敵を象徴する存在となる。民族ナショナリズムの特徴的な心理によれば、（誰であろうとも）邪悪な相手は、常に悪意を抱き、適切なタイミングを狙って罪のないネーションを攻撃する準備を整えている。そのためルサンチマンを土台とするネーションは脅威を感じ、攻撃的な傾向を強める。攻撃を受ける前に先制攻撃を仕かける必要があり、敵の邪悪な性質を考えれば、（たとえ直ちに脅威がおよぶとは思えなくても）侵略行為は正当化され、同時に敵の集団への残虐行為も正当化される。以上、ふたつの命題は可能性についての記述であることを強調しておきたい。攻撃的で残虐になる可能性を秘めたネーションが実際にそうなるかは、国際社会での状況や機会に左右される（詳しくは、グリーンフェルドとシローの以下を参照。"Nationalism and Aggression" *Theory and Society*, 23: 1)。

「全体主義」の登場

意外にも、全体主義の理論では自由という理想への拒絶感が考慮されない。全体主義が学術理論の対象になった時期は比較的遅く、一九二三年に名称が考案されてからおよそ三〇年が経過していた。社会科学者も政治理論学者も、冷戦が始まるまでいっさい興味を示さなかったからだ。そしてついに冷戦が始まると、彼らはムッソリーニの言葉を真に受けた。彼の既成事実化（*fait accompli*）への願望を受け入れ、全体主義とは現実の政治共同体を意味するものだとみなした（この間違いが、彼らだけの責任でないことは指摘しておかなければならない。彼らはウィンストン・チャーチルの先例に倣ったのだ。チャーチルは「鉄のカーテン」について取り上げた一九四六年の演説で、ソ連の政治体制について述べるために「全体主義」という言葉を使った。ただし彼には、明らかにイデオロギー的な目的があった）。社会科学者や政治理論学者、そして後に彼らの忠告を受けた人たちのあいだでは、全体主義は一般的に干渉的・中央集権的なステートと関連付けられた。市民生活のあらゆる側面を管理するステートを指し、ドイツのナチス政権（「ファシズム」として言及されることが非常に多い）と、ロシアのソビエト政権が歴史上の典型例とされた。当然ながらこの考察は、中央集権的なステートがそのような全体的統制を達成した手段に注目し、「全体主義的な」政治的機構を自由で民主的な政治機構とはっきり区別する媒体として、ステートのテロ行為、すなわちナチス・ドイツの強制収容所やソ連の強制労働収容所に焦点を絞った。このような収容所を設立した背景には、全人民を全体的に（すなわち生活のすべての側面の行動や思考を）統制する意図があり、この目標は実際にうまく達成されたと考えられた。全体主義的な計画に大衆は素直に応じるだけでなく、誠実かつ積極的に参加したと解釈された。

全体主義に関する理論を専門家が発達させた頃には、ナチス・ドイツは戦争に敗北していた。ソ連はフルシチョフ政権のもとで「雪解け」の時代に入り、スターリン時代のテロリズムには終止符が打たれ、次のブレジネフ政権は直ちに「停滞期」に入った。ドイツとソ連での経過を通じて観察される証拠からは、どちらの国においても、強制収容所の影響を受けなかった圧倒的多数の人民は、強制収容所の存在を恐れなかったことが強く暗示される。むしろ、これらの施設は大義のために存在するものだと確信し、自分の利益に適うときだけ政権に協力し、それ以外のときは命令を回避するための様々な方法を見つけ、概して政治的に熱心ではなかった。結局、典型的な全体主義国家がいかに中央集権化を進めて恐怖政治を敷いても、全体主義は徹底されなかったのである（あるいは少なくとも、全体主義国家を目指す試みは大失敗に終わった）。この大失敗が広範囲で混乱を引き起こした後に社会理論学者のダニエル・ベルは、「全体主義」とは現実を追求するための概念だったと辛辣に述べた[26]。それでも、全体主義について取り上げたウィキペディアの冒頭部分には、次のような定義が紹介されている。「全体主義とは、国家が社会を全体的に統制する政治制度であり、可能なかぎりどこでも、公私を問わず生活のあらゆる側面を統制することを目指す[27]」。私たちは、「社会構造」に関する隠喩について具体的に考える傾向が強く、この傾向にしばしば干渉される。その結果、奥深くに潜む思考や行動の様式を理解する能力が損なわれ、隠喩が暗示する内容を正確に把握できなくなってしまう。

マルクス主義とナショナリズム

ベニト・ムッソリーニのナショナリストとしての活動や経歴については今さら論じるまでもないが、彼が当初、熱心な社会主義者だった事実には注目すべきだ。実際のところ彼は、プロレタリアート革命の観念にローザ・ルクセンブルクやレーニンよりも熱狂的に打ち込んでおり（社会主義者の集団のなかでは、そう信じられていた）、そもそもこの二人と比較できること自体が、熱心な社会主義者としての何よりの証明である。志を同じくする人たちから見ると、ムッソリーニがローザ・ルクセンブルクやレーニンに匹敵できるのは、革命への情熱だけが唯一の理由ではない。未来のイタリアの独裁者は、改革主義者（ネーションは社会的活動にとって適切な枠組みだと信じ、ネーションの感情を認識し、これを尊重する必要性を訴えた人たち）を党から追い出した点で、ヨーロッパで最初の共産主義者だったと考えてもよい[28]。そこからは、社会主義は本質的に政治的なこだわりがなく、政治的左派と右派のどちらの運動とも矛盾しないことがわかる。実際、ふたつの典型的な全体主義、すなわちドイツの国民社会主義と、表面上は国際的な運動を志向するソビエト帝国の共産主義のあいだには、顕著な類似点が見られる。レーニンによるとソ連の共産主義は、経済が高度に発展した段階の社会主義だった[29]。さらに、社会主義は本質的に政治的なこだわりを持たないという事実からは、本書ですでに触れているように、社会主義とナショナリズムのきわめて密接な関連性も明らかになる。社会主義は現代的な形態の集団主義、すなわち包括的な集団主義であり、ナショナリズムのおかげで存在するようになった。世界中で最もよく知られた形態の社会主義であるマルクス主義は、ナショナリズムが変貌を遂げた結果として生まれたのである。そうなるとここでも、ルサンチマン、具体的にはドイツの集団的民族ナショナリズムが、現代の政治イデオロギーに独創的な形で貢献している事実を改めて強調しなければならない。

啓蒙主義に対するロマン派の根深いルサンチマンが「ナショナリズムの」形をとると、まずはフランス、後にイギリス、次に西洋全体に攻撃の矛先が向けられた。発展した当時の状況を反映し、ドイツのナショナリズムは一八世紀から一九世紀はじめにかけての初期の段階から人種差別的傾向が強く、特に反ユダヤ主義的傾向が顕著だった。そのため、ユダヤ人は当初からドイツというネーションの一部ではなく、異なる人種とみなされた。ユダヤ人はフランス人によって解放が試みられたため、ドイツにとって屈辱的な存在となり、西洋の自由主義、個人主義、資本主義を体現するものとみなされた。ユダヤ人は本質的に卑しい存在だとされたが、それはロマン主義哲学の原理に従えば、宗教ではなく血統（生物的構造）を反映するからで、改善の望みは皆無だった。そして、ドイツの反ユダヤ的感情には宗教とは無関係の人種的性質が備わっている点を強調するため、新しいドイツ語の単語まで誕生した。**アンチ・セミティズム**（反ユダヤ主義）である。

ドイツ・ナショナリズムのふたつの伝統

そもそもマルクス主義は、ドイツ・ナショナリズムの変形である。そのインスピレーションの少なくとも一部は、若き日のカール・マルクスが置かれた抜き差しならない状況に起因している。彼の思考（彼の意識）はドイツ・ロマン派のナショナリズムによって形成され、その意味で彼はドイツ・ナショナリストだったが、同時に出自はユダヤ人だった。彼は（ドイツのネーション意識の中核を成す）劣等感を確実に吸収し、西洋——彼の表現によれば、フランスやイギリスなど「近代的」な「先進国」——に対する憤りを心に秘めていた。さらに同世代のドイツ人の例に漏れず、「アジアの民族」でありヨーロッパでは異邦人と位置づけられるユダヤ人が西洋を体現する存在であり、西洋が関わる諸悪の根源だというパラドックスを受け入れた。しかもマルクスは、自分が洗礼を受けたユダヤ人でありながら、ナショナルな共同体に居住するユダヤ人を共同体の成員とは認めず、信仰する宗教とはまったく無関係に、ドイツとは別個のナショナリティを有する存在とみなした。ドイツ・ナショナリズムの枠組みのなかでは、洗礼を受けていようが無神論者であろうが影響はなかったのだ。こうして反ユダヤ的な人種差別主義が誕生した結果、ユダヤ人がドイツ愛国主義者となり、ドイツ・ナショナリズムの価値観を心理的に共有することは、きわめて困難になってしまった。マルクスの歴史理論——マルクスの社会主義的イデオロギーの根底にある原理——は、ドイツ・ナショナリズムの基本的な思想（具体的にはマニ教のビジョン、ならびに善悪二元論）をそっくり残したまま、ユダヤ人問題を解決する——むしろ取り除く——ことによってナショナリズムを表現した。ここでは、ネーションは階級に置き換えられた。ネーションの対立関係においては経済が重視され、プロレタリアートと資本家の階級闘争として表現される。ただし、資本家階級――マルクス主義の構想で悪を象徴する存在――は、引き続き西洋によって具体化された。そして、西洋は（富と権力を備え、偽りの自由を主張して、世界の他の地域に対する優越感を抱いているが）、最終的には破滅を運命づけられていた。その一方、プロレタリアートには明るい未来が待っており、どのような形を取るにせよ、プロレタリアートは結局のところ反西洋的な存在だった。

ドイツ・ナショナリズムが誕生してから一世紀半のあいだ、ドイツのふたつの伝統ほど、大勢の人たちに深い影響を与えたものはなかった。左翼の伝統と右翼の伝統、すなわちマルクス主義と民族主義（フェルキッシュ）の伝統で、右翼の系統からは最終的に国民社会主義が誕生する。ひとりのユダヤ人が着想し、他の大勢のユダヤ人によって継承された国際主義的ドクトリンは、あらゆる国のプロレタリアートに団結を呼びかけた。外国人嫌いと好戦的傾向を特徴とし、反ユダヤ主義を原動力とするナショナリズムのなかでも最も恐ろしい事例が、マルクスの提唱したドクトリンと共通点を持っていると仮定するのは、とんでもない発想のような印象を受けるかもしれない。しかし、このふたつは同じ穴のムジナだ。同じ親から生まれ、同じ環境で育まれた。

国民社会主義は、一八世紀末から一九世紀はじめにかけて興隆したロマン派ナショナリズムの直系である。すでに存在していた思想体系に新しい要素が付け加えられることはほとんどなく、既存の思想体系の複数の重要な傾向が先鋭化され、明確に表現された結果、注目され勢いづいた。近代西洋の現実を政治や文化ではなく、本質的に経済の側面から象徴する傾向を持ち（政治と文化の側面は、人工的な経済構造の反映とみなされた）、西洋社会への攻撃では資本主義が具体的な標的に選ばれた。価値観同士の闘争（国民社会主義が反対する西洋の価値観と、西洋が反対する国民社会主義の価値観のあいだの闘い）は、ふたつの対立する経済組織、すなわち西洋の資本主義とドイツの社会主義によって体現されたが、それはさらに根深い人種的対立の反映だった。国民社会主義において、ユダヤ人は最大の敵とみなされた。反ユダヤ主義は重要な動機となり、世界をユダヤ人から解放することが最終的な目標とされた。そして、国民社会主義が象徴する社会的現実や、それが伝える道徳的メッセージの正しさを裏付けるため、最後の仕上げとして科学の権威の力を借りた。その結果、人種差別主義、なかでも特に反ユダヤ主義は、公平かつ客観的な立場として定義されることになった。人種差別とは、厳然たる物質的現実を根拠にしたもので、この立場に同意する者は誰でも、すべての個人的責任を免除された。それ以外の点に関して、国民社会主義はロマン派という母体に手を付けなかった。

マルクス主義においても、資本主義は現代の邪悪な現実の本質的側面だった。マルクス主義もやはり科学を根拠にして結論を導き、ロマン派ナショナリズムの視点を崩さず、ロマン派ナショナリズムの願望に忠実な姿勢を貫いた。さらに、マルクス主義は人種差別的でもなければ、露骨に反ユダヤ的な姿勢をとるわけでもなかったが、反ユダヤ的な人種差別主義は、マルクス主義にとって重要なインスピレーションの源になった。

ユダヤ人は西洋世界と同様、目に余るほど物質主義が徹底しており、拝金主義を象徴しているという発想は、一九世紀はじめ以来ドイツ知識人のあいだで普及していた。これは古くからの文化的比喩で、その起源は教会聖職者たちの反ユダヤ主義的な論争にまで遡るが、近代ドイツではその妥当性が特に注目された。たとえば哲学者であり、ハイデルベルク大学教授のヤーコプ・フリードリヒ・フリースは一八一六年、『ユダヤ人を通じてもたらされるドイツ人の富ならびに国民性の危機について』という専門書を出版してベストセラーになったが、そこでは特に以下の点が強調されている。「ユダヤ人は社会の害虫であり、金を媒体にして急速に蔓延した。この害虫は横暴で、悲惨な状態をもたらし、社会に重い負担をかける」。作曲家のリヒャルト・ワーグナーはフェリックス・メンデルスゾーンの成功に自尊心を傷つけられ、一八五〇年にフリースと同じ趣旨の次のような発言を繰り返した。「ユダヤ人は実際のところ、すでに解放されたどころではない。いまやユダヤ人は支配者である。そして、我々のあらゆる行動や取引が金の前で力を失うかぎり、これからもユダヤ人は支配者であり続けるだろう(30)」。ユダヤ人の解放について軽率に触れていることからは、当時のドイツでユダヤ人が未だに中世の法的制約を受けていた事実が暗示される（すなわち、宗教を理由に広範囲にわたって差別されていた）。ネーション意識の必須条件である平等主義に照らせば、これはドイツ・ナショナリズムの適性を著しく損なう。しかしドイツ・ナショナリズムは次のように対応した。**ユダヤ人が改宗し、**あらゆる制約から解放されたらどうなるか。ユダヤ人の立場は生活のあらゆる領域で上昇するだろう。ゆえに、問題なのはユダヤ人のほうであり、ドイツの法律ではない。

初期マルクスのドイツ観

若きカール・マルクスが執筆した最初の小論は、この論争の展開に貢献した。ここでは、ドイツ人の反ユダヤ主義的傾向のステレオタイプが明確に表現されている。ユダヤ人は魂のない非人間的な集団であり、拝金主義すなわち資本主義に傾倒する集団とみなされた。そしてユダヤ人の拝金主義的傾向は宗教ではなく、もっと本質的なもの、すなわち人種に由来するものだと指摘されている。「ユダヤ人問題によせて」からは、ユダヤ人は西洋の代わりになり得る象徴的存在だと考えていることがきわめて明白に読み取れる。ユダヤ人の宗教についてマルクスは、次のような見解を示している。「理論、芸術、歴史、そして最終目的としての人類を軽蔑している」と指摘して、これは「金の亡者にとって意図的・現実的な立場であり、美徳でもある」と考えた。これはまさに、ロマン派ナショナリストが描き出した「西洋」の姿そのものである。唯物論的ロマン主義者のマルクスは、「本物のユダヤ人のなかに」ユダヤ主義の秘密を探し求めるうちに、「当時の普遍的な反社会的要素」をユダヤ人のなかに認めたのである。「ユダヤ主義を支える冒瀆的な基準は何か」と彼は問いかけ、次のように答えた。「現実的な欲求と利己主義である。ユダヤ人がこの世で崇拝するものは？　押し売りである。この世で神として崇めるものは？　金である」[31]。マルクスはこの点について、いくら繰り返しても十分ではなく、次のように述べている。「金がすべてのイスラエル人の神は嫉妬深く、他の神が共存することを許さない……ユダヤ人にとっては為替手形こそ、本物の神である」。したがってユダヤ人の解放とは、実際には世界がユダヤ人から解放されることであり、事実マルクスは次のように主張している。「ユダヤ人はすでにユダヤ人なりの方法で解放されている」。なぜなら、豊富な資金力のおかげで、彼らは「ヨーロッパの運命」を決定しているからだ[32]。

自分は次世代のドイツ・ナショナリストであり、しかも筋金入りの反ユダヤ主義者であることをマルクスは論証した。そして、少なくとも自分では納得できる形でユダヤ人やユダヤ主義との関係を断ち切ると、二本目の小論「ヘーゲル法哲学批判序説」を執筆した。この小論は、ロマン派ナショナリストの論拠が模範的な形で展開されている事例のひとつとして高く評価されている。実際に小論では、ロマン派ナショナリズムにとっての出発点が冒頭に登場する。すなわち、以下のようにドイツを西洋と比較したうえで、ドイツの状況が好ましくないことを認識している。

手始めにドイツの現状を、最も適切な形、すなわち否定的な形で評価するならば、相も変わらず時代錯誤だという結論が導き出されるだろう。現在の政治でさえ否定的に陳述すれば、近代的なネーションの歴史を集めた物置部屋のなかで、埃をかぶった過去と区別がつかない。一八四三年のドイツの状況を否定的に陳述する一方、フランス暦からいえば、一七八九年のフランスの水準にいるくらいであって。現在の中心からはかけ離れている。(33)

マルクスがドイツの状況に対して宣戦布告したのは、「ドイツの状況が歴史の水準にすら届いていない」からだ。この状況に反発して変化を引き起こす勇気をネーションに吹き込むため、マルクスはネーションが怖気づくように誘導したいと考えた。簡単に幻滅したり諦めたりすることなど、ネーションには許されなかった。

ドイツは自分のためにだけ変わるのではないとマルクスは指摘して、こう続けた。「ドイツの劣等な現状の打開を狙った今回の闘争には、近代的ネーションでさえ関心を持たずにはいられない……なぜなら、ドイツの現状は紛れもなくアンシャン・レジームの究極の完成であり、アンシャン・レジームは近代的ネーションの隠れた欠陥になっているからだ」。実際のところドイツは、現在の中枢に位置する他の近代的ネーション、すなわちフランスとイギリスの欠陥を修復しているようなもので、ドイツの劣等な立場は実際には好都合なのだ。というのも、ドイツは他と比べて著しく劣っているわけではないし、現段階での後進性からは、将来は大国になる可能性が大いに期待できる。このような発想の転換は、ロマン派ナショナリズムの典型的な主張ではよく見られる要素であり、すでに敬虔主義のなかに存在を確認できる（敬虔主義においては苦悩のなかに救済を求めることが重視された。救済に至るために苦悩は避けて通れないと考え、苦悩が美化されている）。この敬虔主義とよく似たマルクスの主張のなかには、敬虔主義とは異質でありながら、ロマン派ナショナリズムの特徴的な要素が含まれている。それは知識人を誇りとし、ドイツ文学をネーションの本質とみなす傾向である。マルクスは以下のように書いている。

> もしもドイツ全体の発展がドイツの政治の発展と同水準ならば、ドイツ人は現代の問題の解決のためにロシア人ほどの役割も果たせない。……幸い、我々ドイツ人はスキタイ人ではない。古代世界のネーションは想像や神話のなかで先史時代を生きたものだが、それと同様に我々ドイツ人は、思考や哲学のなかで有史以後の時代を生きてきた。我々は現在の哲学的な同時代人であり、歴史的な同時代人ではない。ドイツ哲学は、ドイツ史の理念的な延長線上にある。……ドイツの法哲学と国家《ステート》哲学は、公的な近代的現在と同一水準にある唯一のドイツ史である。

マルクスによれば、権利について論じるドイツの思弁哲学は、科学のレベルにまで高められた。この哲学が行う批判もまた科学の域に達しており、おかげで哲学は飛躍的な発展を遂げ、近代のステート（ドイツではない）やその現実が批判的な目で分析される。近代の現実を批判すべきなのはなぜか。なぜなら、近代の現実は根本的に邪悪で、ドイツの現実の実体よりもはるかに性質《たち》が悪いからだ。ドイツと大きくかけ離れた近代のステートでは、「現実的人間は捨象され、全体的人間が経験する満足感は幻影でしかない」とマルクスは語る。

ドイツはフランスやイギリスと不当に比較されるが、問題なのは、ドイツがこれらの近代のネーションに追いつけるかどうかではないと、マルクスは指摘する。どちらの国も腐敗が進み、本物の人間を疎んじ、社会の中身が堕落しているからだ。ドイツにとっての問題は、「原理と同じ水準まで高められた実践活動を実現できるかどうかだ。すなわち、革命によって正式な近代のネーションの水準に到達するだけでなく、人間的水準まで向上させ、これらのネーションの近未来の姿に到達できるか」が問題だった。これに対するマルクスの回答は、イエスである。宗教改革のときと同様、世界は再びドイツによって、革命を通じた変容への道を歩み始めるのだ。ドイツには、他のネーションに欠けているものがあった。それは、科学へと進化した哲学である。ただし、革命が発生するためには、この哲学の指示を実行に移す集団の存在が欠かせない。「ひとつの階級が形成されなければならない」とマルクスは語る。彼によればこの新しい階級は、先進国の革命階級のように一部の人間の関心事や利益のために戦うのではなく、人類の完全な解放のために戦う。この新しい階級とは、プロレタリアート階級である。ドイツではプロレタリアート階級の形成が始まったばかりだが、そもそもドイツには一部の人たちだけの解放を目指す革命階級など存在し得ないのだから、ごく近い将来にプロレタリアート階級の形成が確実に完了する。そして「思想の稲妻［ドイツ哲学］が人民［ドイツ・プロレタリアート階級］の未開の地を深く貫けば、ドイツ人は解放されて一人前の人間になるだろう……ドイツでは、あらゆる奴隷状態が破壊されないかぎり、あらゆるタイプの奴隷状態の消滅は不可能だ。ドイツ人の解放は、人間の解放である」。一見するとフランスやイギリスに劣るドイツこそ、真に優れたネーションであることが証明されるはずだ。

ナショナリズムを通して世界を見る

すでにマルクスの青年時代にナショナリズムは、心の奥深くで認知機能を司る設計図としての特徴を備え、多様な領域で思想の基盤になっていた。マルクスはこの設計図を自分のものとして吸収したうえで、十分に分かち合った。しかも彼は、この設計図をすんなり受け入れ、疑念が生じて「熱が冷める」ことはまったくなかった。ナショナリズムの視点のなかには、彼にとって疑わしい要素はいっさい存在しない。実際、彼は生涯の終わりまで、ナショナリズムのプリズムを通して世界を眺め、世界と関わり合った。マルクスの著作の真意は、一八世紀末から一九世紀はじめにかけてドイツ・ナショナリズムが訴えてきた内容と等しく、ロマン主義や西洋に対するルサンチマンに影響されている。マルクスの著作が厳密な意味でのロマン派の著作と違う点は、専門用語の使い方しかない。理想的な社会をマルクスは「共産主義」あるいは「社会主義」と呼び、シュレーゲルは「地上における神の王国」と表現したが、どちらも完全性に備わっている全体主義的な傾向に言及している。どちらにおいても個人は共同体のなかで融解し、最終的に「人間の自己疎外」は克服される。

マルクスは、三作目の著書としての出版を目指して（結局は実現しなかった）一八四四年にパリで執筆を始めた『経済学・哲学草稿』を出発点として、専門用語の独自性を追求し始め、最終的にこれらの用語は、マルクスの理論の重要な命題へと発展した。この命題はロマン主義とも、あるいはナショナリズム的（あるいはフェルキッシュな）傾向が顕著なドイツの政治思想とも、一見するとほとんど共通点がない。「ユダヤ人問題によせて」のなかで彼は、当時の主流であるドイツ・ナショナリズムに備わった人種差別的特徴、なかでも特に反ユダヤ的特徴が、ユダヤ人の血を引くドイツ愛国主義者である自分にもたらす問題の処理に取り組んでいる。しばらくの間、彼はその結果に満足したようで、次の小論では解放的な気分で「我々ドイツ人」という表現を使っている。ただし彼の情熱的なレトリックは、本人以外のほとんど誰にも説得力を持たなかったようだ。ユダヤ人としての存在を放棄するだけでは、ドイツ人として受け入れられるには十分ではなかった。パリのドイツ人共同体での経験によって、マルクスはこの事実を思い知らされた。小論によって知識人としての功績を挙げても効果は限られる。マルクスが本物のドイツ人とみなす人たちから見れば、彼は決して本物のドイツ人になれなかったのである。

このように反ユダヤ主義の影響でマルクスは、ロマン派ナショナリズムの文字通りの意味に忠実であり続けることが不可能になってしまった。しかし発想を巧妙に転換させたおかげで、ロマン派ナショナリズムの精神に忠実な姿勢を維持することには成功し、反ユダヤ主義以外の部分では、ロマン派ナショナリズムの基本的な信条や願望を持ち続けた。少なくとも他人から見れば、彼は異邦人や劣等な人種として定義される存在で、栄光を運命づけられた優等な人種による勝利の行進への参加を許されない立場だったが、それを公然と認める必要のない方法を考え出し、自分が勝利の行進に確実に参加できる環境を整え、人種差別という問題を回避したのだ。成功の秘訣は、「ネーション」を「階級」で代用したことだ。マルクス主義において階級は、ロマン派にとってのネーションのあらゆる特徴を備えている。マルクスにとっては、階級こそ歴史の動作主体だった。真の人格が備わっているのは人間ではなく階級であり、人間は階級に組み込まれた存在だった。そんな人間は社会学的な意味ではなく、生物学的な意味において、階級の成員でしかない。同時代のドイツ愛国主義者にとってのネーションのケースと同様、人間の性格や能力、行動や見解は、階級の傾向を反映しているだけである。（たとえばフィヒテが考えた）ネーションと同じく、マルクス主義の理論において階級は、不完全な人間と全体的人間に分類される。他のあらゆる階級と区別してプロレタリアートを普遍的な階級とみなす見解は、ドイツを他のすべてのネーションと区別して、全人的なネーションとみなす観念の反映である。

マルクス主義のなかのナショナリズム

ロマン派ナショナリズム的世界観（*Waltanschauung*）を構成する他の要素のほとんどは、マルクス主義のなかにも保持された。いまや悪の象徴は特定の社会ではなく資本主義になったが、資本主義の特徴は、西洋の先進国に起因する特徴と紛れもなく同じだった。したがって、資本主義の化身であり表出であるネーションへの憤りは正当化される（同様に、国民社会主義のなかでユダヤ人は人種の化身でもあり表出だった点にも注目してほしい）。西洋は相変わらず悪の象徴として運命づけられ、人類の救世主の役割は、反西洋的な存在が演じるものとみなされた。

ネーションが階級に変化した結果、ドイツ・ナショナリズムに固有のビジョンは広くアピールするようになった。階級が存在しなければ、西洋の優越性に困惑したネーションは自分なりにルサンチマンを表現しなければならない。アンチ・モデルを特定し、人類の救世主の役割がドイツではドイツ人、ロシアではロシア人、アラブの（あるいは汎アラブ）のネーションではアラブ人、といった具合に決められる。戦いを挑むネーションも、敵として立ち向かうネーションも、あらゆるケースで異なる。しかし、ドイツ・ナショナリズムを新たに解釈し直したマルクス主義ならば、劣等意識を認識して払拭に努めるあらゆる民族（nationalities）に受け入れられた。その意味で、マルクス主義はまさしく国際的だった。

さらにマルクス主義は、経済理論の形も取った。一九世紀末の人種差別主義と同様、この経済理論は表面上、科学的かつ客観的で、倫理には左右されない立場をとった。理論に同意するか否かはもはや道徳的な選択でも、選択全般に関わる問題でもなかった。理論に積極的に賛同すれば、道徳的な責任を問われることはない。心に抱く共感も反感も、いまや科学によって正当化された。人びとは思い通りに行動しながらも、それが必要であることを理解していた。ある意味、単に命令に従っているだけだった。自分が置かれた立場では、それ以外の行動は許されない。だから、迷いや良心の呵責からは解放される。どんな行動が必要か、具体的に認められている状態だった。

もちろん一九世紀ドイツの状況では、選択を迫られた。マルクス主義と国民社会主義のどちらも「科学的」ではあるが、原則的に相容れず、いずれかを選ぶ必要があった。ただし違いがあると言っても、科学的な取り組み方や科学に関する見解はよく似ている。どちらも科学的探究に関してロマン派が見直した定義に従っており、事実をほとんど尊重せず、まだ明らかにされない現実の探究に専念している。これでは選択は非常に難しい。しかし特に意外でもないが、結局のところ思考を決定するのは、(経済よりも人種的側面が重視される）物質的存在を取り巻く状況であって、ふたつの理論のどちらが科学的にふさわしいかは特に注目されなかった。

ユダヤ人は一九世紀のあいだ一貫して、伝統的なキリスト教社会のあらゆる場所で屈辱を受け、合法的にも非合法的にも差別されてきた。市民的ネーションに変化しつつある社会や、すでに変化を遂げた社会も例外ではなかった（偏見は簡単には消えないものだ)。そのため他の社会と同様にドイツでも、驚くほど多くのユダヤ人がマルクス主義に目を向けた。マルクス主義はネーションの消滅を予言して、ユダヤ人が屈辱的で過酷なアイデンティティから解放されることを約束したからだ（ユダヤ人の尊厳資本は非常に低かった）。ロシアではトロツキーが、あなたは本質的にロシア人とユダヤ人のどちらだと思うかと訊ねられ、「どちらでもない。私は社会主義者だ」と思わせぶりに答えたと言われる。ユダヤ人は熱心な筋金入りの国際主義者になる可能性が高い。特定のネーションではなく世界の変容こそが、自分たちの活動にとって真に重要な最終目標だと考えたがる。

ただしドイツのマルクス主義者は、国民社会主義の直接の先祖であるフェルキッシュのイデオロギー信奉者たちとのあいだで、多くの重要な問題に関してうまく意見を一致させた。ドイツのナショナリズムは本質的に社会主義だったため、社会主義的ナショナリストの人数は当初から多く、そこにはドイツにおける反ユダヤ主義運動の指導者の一部も含まれた。反セム主義者連盟を設立し、「反ユダヤ主義」という専門用語を考案したヴィルヘルム・マルは、「反ユダヤ主義は社会主義運動であり、社会民主主義よりも高貴で純粋な形をとっている点だけが異なる」と明言した（実際、「ユダヤ人問題によせて」でマルクスが表明した内容に照らすと、こうした主張はかなり理に適っているような印象を受ける）。マルクス主義者は同類とみなされる集団の知的資質を疑ったものの、彼らとの類似性については認めた。反ユダヤ主義を社会主義として受け入れる一方、「愚かな」社会主義（*der Sozialismus des dummen Kerls*）だと評価したのである。これに対してドイツの社会主義者は、反ユダヤ主義が反資本主義であるかぎり（間違いなくそうだった）、反ユダヤ主義は「歴史と政治の進歩」を象徴していると考えた。反資本主義的な姿勢をとらない自由主義と比べ、決してそん色がないという評価を下した。

第4章

ナショナリズムと近代経済

「資本主義」の起源

私たちが使っている「資本主義」という概念の起源は、直接税として最初に課された富裕税のひとつであり、オランダ連合諸州がスペインに対する反乱の資金を調達するため、一五八五年にホラント(Holland)で導入されたものだ。*capital*は、オランダ語で「富」を意味する単語で、税金とは実際のところ、富裕層に対する融資の強制であり、そこから*capitale impositie*と名付けられた。一六二一年になると、財産税を臨時に徴収する目的で登記簿が作成され、課税対象となる二〇〇〇ギルダー以上の財産を所有する人たちがひとつのカテゴリーにまとめられ、*capitalisten*すなわち「キャピタリスト」と呼ばれた。四年後には、新たに別のカテゴリーの*halve capitalisten*すなわち「セミキャピタリスト」が追加され、課税対象となる財産が一〇〇〇〜二〇〇〇ギルダーの人たちがこれに該当した。財産がこれに満たない人たちは、課税対象から外される。当時のオランダで使われた*capitalisten*には、資本家という意味はまったくなかったのだ。「キャピタリスト」とは「金持ち」の「富裕層」であり、それとは逆に「貧しい人たち」は「キャピタリストではなかった」。

他の国でも、「キャピタリスト」という単語はしばらくの間、中立的な意味で富裕層を指していたが、フランス革命後は、きわめて軽蔑的な意味で使われるようになった。アンシャン・レジームの時代のフランスでは、富とは由緒ある貴族によって受け継がれるもので、働いて富を稼ぐ行為は軽蔑の対象だった。そのため、貴族の称号を金で買うことが可能になると、事業に成功して十分な資金を手に入れた商人は、すぐに貴族の地位を金で買いたがる傾向があった。一七世紀以降、貴族の地位の売却は商売として繁盛する。特にルイ一四世は、これを国の財源として積極的に利用するが、とにかく需要はほぼ無尽蔵だった。貴族の地位を獲得すれば、庶民としての出自に付きまとう悪臭が消滅し、「皮膚の表面の汚れを取り除く石鹸」のように役に立つと考えられたからだ。しかし、それは滅多に成功することがなく、むしろ貴族という地位に備わっている排他性が損なわれた。そのため伝統的な貴族階級は不快感を抱き、（手に汗して獲得する）新しい金への軽蔑を募らせ、ついには嫌悪するまでになった。革命以前、このような感情をぶつけられたのは徴税人で、彼らの事務所は人民のあいだでかねてより軽蔑の対象だった。人民が徴税人に向ける敵意は、エリートの知識人が明確に表現して煽り立てたものだ。徴税人は一般に「吸血鬼の役人ども」というレッテルを貼られ、定義上は、人民から「盗みを働く」人民の敵とみなされた。

ルイ＝セバスチャン・メルシエは著書『十八世紀パリ生活誌――タブロー・ド・パリ』のなかで、このステレオタイプを商人階層全体にまで拡大し、「キャピタリスト」という呼び名で一括した。一八〇四年には『フランス語の即興演奏家』という辞書が、この単語がメルシエの造語であることを認めたうえで、彼の著書を参考にして「*Capitalisme*」の定義を考案した。そこには、「キャピタリスト」が以下のように紹介されている。

> パリのみで知られる存在。金の亡者で、金銭欲に取りつかれている。土地に課される税金について語る人たちを、キャピタリストは嘲笑する。一片の土地も持っていない彼らからは、税金を徴収する術がないからだ。アラブ人は砂漠を通過するキャラバンに強盗を働いたあと、他の盗賊に略奪品を奪われるのを恐れ、大事な略奪品を埋蔵するが、それと同様、キャピタリストは我々から奪い

取った金を隠してしまう。(1)

土地を所有しないキャピタリストは金銭欲に取りつかれ、他人から強盗を働き、それを密かに隠し持ち、税金を正しく支払おうとしない。この発想は、革命時代のイングランド恐怖症の風潮によってさらに勢いづいた。イングランド恐怖症は、イングランドがキャピタリストのネーションであり、海峡の向こう側では**キャピタリズム**（貪欲な強盗の精神）が支配していることを暗示していた。本質的に政治的なこの概念は、マルクスによって世界中に普及した。これに対してイングランドやアメリカ合衆国では、「キャピタリスト」は投資する金を所有する人物、「キャピタリズム」は投資を促す経済制度を象徴した。この意味では、キャピタリズムの原則はマックス・ウェーバーの言葉を借りるならば、「利益の追求であり、それが際限なく繰り返される」。すなわち、**富の蓄積や成長が常に目標として掲げられ、追求する富は他のどの経済制度とも質的に異なる**。要するにキャピタリスト経済は、まったく新しい近代経済だったのである。(2)

資本主義の精神

何百万人もの人たちの生活に関わる活動の方針が変更されれば、経験的社会科学の研究者は好奇心をそそられるものだ。しかも、資本主義経済制度の場合は他の経済制度と大きく異なり、活動方針が変更されただけでなく、不合理な行動が制度化されたような印象を与えた。何百万人もの男女が富の飽くなき追求を目的とする活動に熱中する傾向は、合理的な行動の中心的原則、すなわち快楽の追求や痛みの回避とは正反対だった。ウェーバーは『プロテスタンティズムの倫理と資本主義の精神』のなかで、資本主義経済に備わっている基本的に不合理な傾向を強調し、「[資本主義にとっての]最高善」について以下のように記している。

富の飽くなき追求が、人生の自然発生的な喜びのいっさいを厳格に回避する傾向と相まって……純粋な目的そのものとして考えられる。そのため、一個人にとっての幸福や効用という観点からは、まったく常識外れであり、きわめて不合理な印象を受ける……経済活動を通じた富の獲得は、もはや人類にとって従属的な行為ではなくなり、物質的な必要を満たすための手段とは考えられなくなった。単純な視点からは、自然な関係と呼ぶべきものが逆転現象を起こしたようで、きわめて不合理にしか感じられない。資本主義に影響されない人民にとっては異質だが、明らかにこれは資本主義の誘導原理である。(3)

さらに、資本主義経済が最初に発達した西洋では、このきわめて不合理な傾向を土台にして、ウェーバーのいわゆる「合理化」が進められた。すなわち、社会が新しい認識に基づいて序列化され、第一原理が明確な形で表現された結果として生まれた資本主義経済は、合理的かつ「科学的」な現代社会はむろん、それを具体的に反映した政治構造の顕著な特徴となり基層になったのである。経済行動は合理的な行動の典型例となり、経済的な動作主体は合理的な動作主体として定義される。そして幸福の追求とは、飽くなき富の追求だとみなされた。これは実際のところ自然な現象ではない。どうしてこのような展開になったのだろうか。

このような見解がどのような経過をたどって優勢になり、私たちの思考や経験のなかで経済的領域がいかにして中心的地位を占めるようになったのか、疑問として取り上げられる機会は滅多にない。経済学者や経済史家は、ネーションが相対的な繁栄を獲得した理由や、産業競争でのネーションの成功や失敗については際限なく論じ続けるが、そもそもなぜ産業界には競争が存在し、なぜネーションはそこに参入したがるのか、取り上げようとはしない。なぜなら、これは自明の理とみなされるからだ。しかし、自明の理などではない。なぜなら歴史上の社会のほとんどにおいて、経済活動に参加するのは社会の序列や価値ヒエラルキーの底辺を占める階級と決まっていたのだ。経済活動は高い地位を暗示するわけではなく、したがって優れた才能を惹きつけるわけではなかった。繁栄は確かに貧困よりもましだが、繁栄だけが人生の目標にされることは滅多になく、幸福と同一視されるなどあり得なかった。実際、むしろ幸福の妨げとみなされた。「金持ちが神の王国に入るよりは、ラクダが針の穴を通るほうがやさしい」と、聖マタイはほのめかしている。しかし私たちの時代、この傾向は明らかに変化した。この大きな変化を見過ごすのは、直線的かつ決定論的な「自然進化」の歴史観にとらわれないかぎり不可能である。すなわち、進化は段階を踏み、各段階で普遍的かつ体系的なニーズが発生すると仮定して、文化のあいだの経験の違いにも、歴史的プロセスの偶然性にも無関心を貫かなければならない。

飽くなき富の追求は歴史上の例外的な傾向とされ、注目されるとすれば、社会のなかで猜疑心を向けられる程度だった。富の追求は、一部の個人の特徴にすぎなかったのである。ところがこれが、個人のレベルでは合理的な自己利益の追求に等しく、人間本来の性質として定義され、社会のレベルでは公益あるいは最高の集団的利益の追求として定義されるようになると、それをきっかけに経済的な見解が誕生した。すると、欲望に駆り立てられた行動に対する社会の態度に変化が生じ、従来は「欲深さ」として蔑まれてきた要素が「勤勉さ」や「経営能力」といった新しい名称で評価し直された。あるいは、それまで「競争心」は魂の救済の妨げにしかならず、何としても回避すべき罪悪とみなされてきたが、いまや美徳として強化されるべき資質になった。ウェーバーは『プロテスタンティズムの倫理と資本主義の精神』のなかで、「資本主義の精神」という表現を使ってこのような発想の転換についての説明を試みた。それによれば、合理的な思考や行動様式、さらには合理性と非合理性の中間の（すなわち、合理性には無関心だが、体系的に非合理的とまではいかない）思考や行動様式が制度化されるときには、本来備わっている何らかの個人的関心と関連づけられるものだ。これとは対照的に資本主義が制度化されるきっかけは、新しい価値体系の登場によってしか説明できない。新しい価値体系のなかで富の蓄積は評価され、生まれながらの善のレベルにまで格上げされた（たとえば人生など、別の善を達成するための手段ではない。人生は富の追求よりも下位にランクされるので、その追求が手段にはなり得ない）。さらに／あるいは新しい価値体系の登場を機に富の蓄積は、ある新しい（自立した）至上善と直接的に結びつけられた。

ウェーバーによれば、この新しい至上善とは救済の確約である。予定説というプロテスタントの（カルヴァンの）ドグマによって救済の機会を奪われた信者にとって、救済の追求は心理的な責務だったという。これは最近まで、必要最低限の生活を確保する手段だった経済活動が、成長のための手段として歴史的に見直され、資本主義の登場に至った背景についての唯一の説明だった。経済活動に資本主義の精神が吹き込まれ、成長を目標に据える形に進路変更されたのは、プロテスタントの思想が新しい倫理基準体系をもたらしたからだと、ウェーバーは指摘している。もちろん、大勢の人たちの動機に変化を引き起こし、それが行動様式にも変化を起こすためには、新しい倫理体系が当然ながら必要とされる。その意味では、ウェーバーの主張は正しい。ただし、彼の推論全般（すなわち、動機がこれだけ大きく変化する理由は、新しい体系の社会的価値観によってしか説明できないという主張）に反論することはできないが、彼が論文を発表してからまもなく、これとは矛盾する証拠が突き付けられた。なかでも厄介だったのが、この倫理体系はカルヴァン派プロテスタントの教義そのものだという主張だ。イギリスが並外れた成長を遂げたことも、オランダのカルヴァン主義では必要最低限の生活の確保が引き続き目標とされたことも、後にはカトリックやルター派の諸国で経済の持続的成長が達成されたことも上手に説明できない。結局のところウェーバーは間違っていたのだ。いけなかったのは、プロテスタントの思想が資本主義の精神を創造したという部分だ。プロテスタントの神学者が、キリスト教の分裂で敵となったカトリックなどの神学者と少なくとも同程度には、富の追求に反対だった点は証明されている。むしろ「資本主義の精神」の根源となったのは、新しい世俗的な形態の集合意識、すなわちナショナリズムである。近代になって経済の行動に変化が生じ、（もちろん適切な条件のなかで）近代経済の誕生が促されたのは、ナショナリズムのおかげなのだ（BOX4・1参照）。

経済成長の理由

経済成長の時代ならどこにも見られるものとは別に、複数の要因について、ナショナリズムは近代経済を学ぶ学生の注目に値する。まずナショナリズムは、広義の「産業革命」を年代順に説明するための完璧な手段である点が大きな長所だ。特に、イギリスで困惑するほど猛烈な勢いで進行した産業革命も、ナショナリズムを使えばうまく説明できる。（W・W・ロストウの造語を使うならば）「自立的成長への離陸期《テイクオフ》」が最初に実現したのがイギリスだったことに異論はないが、これは経済学や経済史に登場する「自然進化」の枠組みでは意味を成さない。経済学や経済史は唯物史観に立って、このような離陸期《テイクオフ》は歴史のプロセスそのものに暗示されていることを前提としている。特定の生息環境で決定されている一年のライフサイクルにしたがって、春に花が咲くのと同じだという。しかしイギリスは、率先して行動するためにまったくふさわしい生息地ではない。経済上の優位を確保する直前のイギリス（あるいは、当時のイングランド）は、ヨーロッパの先進国ではなかった。一六世紀末の時点での客観的な能力（離陸期《テイクオフ》の前提条件の構築）から判断するなら、最終的にイギリスが引き受けることになった役割にはオランダ共和国、フランス、ドイツ、スペイン、イタリアのほうがふさわしかったかもしれない。カルヴァン主義が幅を利かせるオランダ共和国ではなく、どちらかと言えば後進国のイングランドがブレークスルーを達成し、現代経済の制度における有利な立場を長きにわたって持続したことは、「プロテスタントの倫理」の主張と大きく矛盾している。しかし議論のなかにナショナリズムの要素を持ち込めば、矛盾はきれいに解消される。

BOX4・1

ナショナリズムと経済成長の「自然進化」理論

ナショナリズムに関する理論のほとんどは、ナショナリズムを資本主義経済の機能のひとつとして説明している。経済は本質的に成長する必要があるので、必然的に自由民の労働が求められる（すなわち、市場の求めに応じて労働者が各部門を自由に移動できなければならない）。それには統一されたネーション・ステートの存在が必要で、ネーション・ステートが誕生すれば、ナショナリズム的なイデオロギーや政策によって自由民の労働が容易に創造されるのだという。工業化、商業化、資本主義の成長といった経済のプロセスは不可欠な要素とみなされる一方、それ以外のすべて――社会関係、政治制度、文化などの思考様式――は、不可欠なプロセスを反映した補助的な要素にすぎず、不可欠なプロセスに依存しなければならない。補助的な要素はいずれも原則として平等に創造されているが、一部の要素は他と比べて補助的な傾向が強い。たとえば文化は概して経済の物質的客観性から最もかけ離れているものとみなされ、重要度が最も低い。付帯現象としての文化は、経済の発展が心のなかに投影されたものだ。ちょうど建築物の影法師のような存在で、経済が進歩する各段階に対応して文化の明確な形は決定される。逆に経済が潜在能力を発揮しやすくするためには、どの経済制度でも文化の支えが体系的に必要とされ、経済が進歩する各段階で文化は機能要件として動員される。そうなると、本質的に文化の問題であり、資本主義の発達や工業化と年代順に対応しているナショナリズムは、経済の現代化の反映である一方、経済の現代化の機能的前提条件としても解釈できる。要するにナショナリズムは資本主義と工業化によって**引き起こされた**と考えられる（Gellner 1983, Anderson 1983を参照）。この主張は、経済決定論と史的唯物論、すなわちマルクス主義社会学に基づいているが、すでに説明したとおり、マルクス主義社会学は皮肉にも、ドイツナショナリズムに影響され、ドイツナショナリズムに代わる存在として、深い考えもなく無意識に誕生したものだ。もちろん、ドイツナショナリズムやマルクス主義が当時の思想に特に大きな影響を与えた事例はこれだけではないが、本来の教義の冗長な性質や、経験的実在からの絶対的な独立性が、これほど顕著に表れている事例はまず存在しない。

しかし経済学では特に、経済決定論も史的唯物論もほとんど意味を成さない。経済学を学ぶ目的が、経済発展の傾向の説明だとするなら、経済学の存在と経済決定論は実際のところ相容れない。さらに史的唯物論は、歴史は物質的なプロセスであることを暗示している。それによれば、社会などの歴史的形態は物理的、化学的、そして（もしくは）生物的形態であり（これらのカテゴリーは、「物質的」という言葉の意味を徹底的に研究する）、過去に存在していた物質的形態から物質的手段によって生み出された形態である一方、将来は物質的手段によって新たな物質的形態を生み出していく。マルクスの社会科学で**しばしば引用される言葉**、すなわち「ドイツ・イデオロギー」は実際のところ、マルクスにとって歴史が生物進化のプロセスの延長線上にあることを暗示している（ただしダーウィンではなく、ラマルクの進化論に基づいて考案されたため、獲得形質が子孫に遺伝する可能性が示唆される）。さらに経済決定論では、歴史が経済を通じて生物進化と結びついていることを暗示されている。なかでも「ドイツ・イデオロギー」に関してマルクスは、経済が進歩するプロセスを促す大きな原動力、すなわち社会での分業ならびにその結果としての階級区分は、繁殖の際の生物的分業が起源だったと仮定している。

そうなると、経済のプロセスは歴史の根底を成すことになり、経済のプロセスから踏み出せるのは生物学者だけとなり、人類は経済のプロセスを独立変数としてしか利用できない。すなわち、経済のプロセスの助けを借りて他のものを説明できるが、経済のプロセス自体はいかなる人間的な特徴にも依存せず、生物学と無関係な規律によっては説明できない。資本主義の「自然進化」理論が特に厄介なのは、人間が生まれつき合理的な行動主体だと仮定しているからだ。資本主義経済の行動は基本的に不合理である。

それでもこのパラダイムが相変わらず優勢なのは、近代西洋社会、特にアメリカの生活のなかで、経済的領域の卓越性と矛盾しないことが理由のひとつだ。概してアメリカ人は、そしてある程度は他の西洋人も、繁栄は幸福を生み出す原因であり、経済の発展は他のすべての社会的プロセスの土台だとみなす。彼らにとって繁栄は、掛け値なしの善であり、民主的で公平な社会を実現するための必要条件になっている。そのため、一定の満足できるレベルの経済発展さえ達成されれば、他のすべてのもの――特に自由民主主義――は自ずとあとから付いてくると私たちは信じるようになり、経済発展に何よりも関心を抱き専念した。この見解は外交政策と同様、私たちの個人的生活を形成している。それほど大昔ではない一九世紀半ばにマルクスがはじめて主張したとき、これは革命的な見解だった。

奇妙にもこれは、マルクス主義の世界観であると同時に、世界で優勢なアングロアメリカの世界観でもある。たしかに両者は、経済が発展するプロセスや経済的要因の性質についての捉え方が異なる（マルクス主義では「生産力」が強調されるが、アングロアメリカの経済主義では需要と供給の相互作用に重点が置かれるだろう）。しかし、存在論的・人類学的な前提、すなわち社会的実在性や人間性の特徴についての考え方には、意見の違いはほとんど存在しない。さらに、経済的側面は社会生活の中心的要素だという原理をマルクスは早い時期から主張してきたが、彼はこの思想を考案したわけではない。彼が経済学に注目するようになった直接の理由は、同時代人のフリードリヒ・リストが一八四一年に出版した『経済学の国民的体系』だった。マルクスと同じくリストも今日、一部では偉大な経済理論家とみなされている。そして彼は、アダム・スミスの『国富論』を読んで（むしろマルクスと同様に読み違えて）触発された。リストにとってもマルクスにとっても、『国富論』は重要な評価基準だった。したがって、マルクスのいわゆる「最終分析」において、社会に関する経済主義的見解の原点はイギリスで模索される。ここがナショナリズム誕生の地でもあるのは、決して偶然ではない。

ナショナリズムは最初にイングランドで誕生し、イングランドの社会の支配的なビジョンとなり、一六〇〇年までには社会の意識を大きく変容させた。しかし、他の地域で同じような変化の徴候が観察されるまでには、一世紀以上の歳月を要した。特にオランダは、社会が政治的にも経済的にも発達していたため、ネーションのアイデンティティの発達はさらに遅れ、一九世紀まで存在が確認されなかった。つまり、イングランドは最初に新しい精神を獲得し、イングランドだけがナショナリズムの精神を二世紀以上にわたって持ち続けたのである。この精神は大きな原動力となり、資源にあまり恵まれないイングランドに新たな要素が加わった。おかげでイングランドは従来の方針を転換し、拡大路線へと変容を遂げ、長い旅に乗り出した。他の社会のほうが良い状況は整って競争力も優れていた(が、いずれもモチベーションが不足していた)。

ナショナリズムはプロテスタントの思想と異なり、近代経済の発達に欠かせない社会構造の誕生を必然的に促す。本質的に平等主義を掲げているので、重要な文化的帰結のひとつとして、階層制度のなかで階級による制約が取り払われる。社会移動が許され、労働者に自由が与えられた結果(すなわち、異なる部門のあいだでの移動が可能になった結果)、市場原理が機能する領域が劇的に拡大する。しかも、対抗する要因が欠如していたため、社会的序列の定義が見直され、伝統的に軽蔑されてきた職業——具体的には富の追求を目的とする職業——の評判がナショナリズムのもとでは高くなり、結果として才能ある人材が引き寄せられる(このような機能はウェーバーによれば、カルヴァン主義の教義である予定説や天職という観念に起因するものだった)。しかしもっとずっと重要なことがある。ネーションの威信、すなわち名声を高めるための投資に成員は熱中するが、ネーションの威信は必然的に他のネーションの地位との比較で評価されるため、ナショナリズムの高揚からは国際競争が暗示されるのだ。したがって、自己イメージの向上に役立つとネーションが判断したあらゆる分野において、競争力は成功を評価する尺度となる。その結果、ネーションに該当する社会同士で競争が繰り広げられるが、そのゴールは相対的なため、永遠にたどり着くことができない。かくして経済が競争の領域に含まれると、着実な成長の追求が前提とされたのである。要するに、近代経済の特徴である持続的成長は自立的ではない。ナショナリズムによって刺激され、維持されているのだ。

経済成長を助ける要因

以上から、近代経済にとって欠かせない社会構造の発達をナショナリズムは助長することがわかる。さらにナショナリズムは国際競争を促し、経済成長にとって都合の良い環境を創造する。ただし、ナショナリズムがこの環境のなかで経済成長を積極的に促すのは、経済的成果や競争力や繁栄が、ネーションにとってプラスの重要な価値観として定義されるときに限られる。そしてこれは、ナショナリズムがどんなタイプで、どんな特徴を備えているかに左右される。概して、個人主義的市民ナショナリズム、すなわちネーションを個人の集合体とみなすタイプのナショナリズムが経済的成果を高く評価するのは、経済活動全般が大勢の個人にもたらす意味や重要性に注目するからだ。したがって、経済成長は国益の一部とみなされる。一方、集団的（市民または民族）ナショナリズムの枠組みでは、国益は個人の利益とは無関係に定義されるため、経済的利益は国益にまったく含まれないか、たとえ含まれても最重要とはみなされない。経済活動があまり評価されない民族ナショナリズムにおいては、経済の主な動作主体は少数派のケースが多いので、少数派も経済活動も汚名を着せられる恐れがある。そのため民族ネーションの場合には、民族的に均質な社会に有利な経済活動や成長が高く評価される可能性が高い。

イングランドの個人主義的市民ナショナリズムは、当初から経済の活動と成果を重視する傾向があったが、それがイングランドのユニークな特徴によって強化された結果、経済は（科学と共に）ネーションとしての優位な立場を誇示する分野に選ばれた。そのためイングランドのナショナリズムは、経済成長を直接的・積極的に後押しする。イギリスが経済で目覚ましい成功を収め、最終的に超大国の地位に上りつめると、経済を巡る競争は大きく刺激された。その結果、イギリスからナショナリズムが持ち込まれた多くの地域も経済に重点的に取り組み、社会生活の他のどの領域よりも重視するようになり、その結果、近代の「経済文明」の形成に大きく貢献することになった。したがってイングランドのナショナリズムがイギリスの、後には世界各地の「経済の奇跡」に貢献できた能力は、以下のふたつの事実によって説明できる。まずイギリス人（後にはアメリカ人）としてのアイデンティティは、概念的枠組みから進化したもので、その土台は本家イングランドの個人主義的ナショナリズムの原理だった。そして次に、イギリスの事例は伝染力が強かったのである（BOX4・2を参照）。

資本主義は一六世紀半ばにイングランドで誕生したが、カンパニー・オブ・マーチャントアドベンチャラーズ（貿易商人会社）が一五六四年、マーチャントアドベンチャラーズ・オブ・イングランドと改名されたことがその前触れになった。イングランド以外のネーションが経済競争を選択してから、ナショナリズムが誕生して「離陸期《テイクオフ》を経て持続的成長」が達成されるまでには、三〇年から六〇年の時間のずれが図らずも存在した。最初に離陸期《テイクオフ》を経験した国を時系列で紹介すると、フランス、ドイツ、アメリカ、日本の四ヵ国となる。当初、資本主義はイングランドと同一視され、イングランドはリベラルな**政治**と同一視された。そのため資本主義は一八世紀末以降、特にマルクスが明確な定義を打ち出してからは、政治的リベラリズムや経済的リベラリズムと同一視されるようになった。経済的リベラリズム——自由貿易や自由競争——は資本主義の発達にとって不可欠で、政治的リベラリズムは経済的リベラリズムを生み出す条件だと理論は展開される。しかし、成長の経済を政治的リベラリズムと同一視すると、イングランドのあとから経済競争に参入した四ヵ国のうちの三つの事例（フランス、ドイツ、日本）との矛盾が生じてしまう。さらに、政治的にはリベラルなふたつのネーション（イングランドとアメリカ）の経済体制でさえ——イギリスの場合は一九世紀末まで、アメリカ合衆国の場合は第二次世界大戦後まで——リベラルとみなすことはできなかった。

BOX4・2

個人主義的ナショナリズムと経済的個人主義

ナショナリズムは社会意識の一形態であり、現実を認知的・道徳的に体系づけるための方法のひとつである。そのため、近代社会において道徳的秩序の土台、価値観の源泉、近代社会特有のナショナル・アイデンティティの枠組み、社会的統合の基盤になっている。本家のイングランドのナショナリズムのおかげで、近代経済は積極的な野心を抱き、物質的な力の拡大を飽くことなく追求するようになった。この本来のナショナリズムが（誕生の地であるイングランドでは無論、導入されたアメリカやオーストラリアなどでも）哲学的・道徳的個人主義の一形態だったことは、社会意識の一形態としてのナショナリズムといかなる点でも矛盾がないし、その点が曖昧にされるべきではない。社会を結束させる原理として、個人主義的ナショナリズムは非常に効果的だ。個人主義的ネーションでは紛争が絶えない状況でも政治が安定し、法的障害がなくても国外への移民の割合が非常に低い点を指標とするなら、おそらく集団的タイプのナショナリズムよりも効果的だろう。個人主義を道徳的理想として理解するなら――この場合にはそのように理解しなければならない――これは特に意外ではない。道徳的理想であれば自然な欲望は誘導され管理され、道徳的弛緩によって欲望の束縛が取り除かれることは許されない。個人は最高の社会的価値を備え、社会の基礎を成す道徳的構成単位――すなわち自立した道徳的動作主体――だと定義すれば、ネーションのアイデンティティには尊厳が加わり、あらゆるナショナリズムが教えさとす平等主義に深く関与する気持ちが促される。そのため、個人主義的ナショナリズムにおいては他のタイプのナショナリズムよりも、ナショナリズムの実践に一貫性が備わり、ナショナリズムに傾倒する人が増えていく。

（道徳的・哲学的立場としての）個人主義と（社会意識や集団的結束の形態としての）ナショナリズムは、個人の道徳的優位性が生来の経験的な卓越性の反映だと判断される場合に限り、矛盾が認識される。この見解はなぜか個人主義的社会のみで受け入れられ、そこでは本来の自然な姿の個人が前社会的な存在とみなされる。これは現代の経済理論の人類学的・社会学的前提と合致するが（そして主に個人主義的ネーションでもてはやされるが）、人間以外の社交的生物種の生活に関する知識のすべてと矛盾する。自然界の個体は、自立した道徳的行為主体という意味での個人ではない。自立した道徳的主体の個性は文化の産物であり、自然の産物ではない。必然的にこれは、手に入れたいと欲する理想のイメージが投影されたもので、自然はせいぜいこの状態に近づくことしかできない。つまり自立した道徳的行為主体の個性は、社会や社会意識を描き出したイメージなのだ。社会学においてはすでにデュルケムが、個人を社会的構成要素、具体的には現代の有機的結束の産物として認識している。彼にとって個人主義とは、現代社会が成員たちの心のなかで自己「主張する」ための手段であり、そうすれば成員は社会を崇拝し、命令に従うようになる。すなわち個人主義は、彼が「集合意識」と名付けた道徳的・認知的複合体の中心的要素であり、ウェーバーがプロテスタンティズムのなかで見出したと考えた指導的・強制的な倫理の中核だった。

この個人主義的な倫理観は、共同社会のアイデンティティの中核を成す顕著な特徴であり、こうした傾向を持つナショナリズムは、経済の持続的成長という発想のインスピレーションになった。近代経済の理論は個人主義的ナショナリズムの原理を前提としており、個人主義と切り離しては想像できない。しかし近代経済の実践は、個人主義を切り離したナショナリズムからインスピレーションを得ている。イングランドが経済ナショナリズムを発達させたのは、個人主義に根差したネーション意識のおかげだ。しかし同時に、特に経済的自由という思想（自由貿易は、そのなかの顕著な側面のひとつにすぎない）を巡って論争が展開され、個人の利益と公共の利益の関連づけに当然ながら長い時間を要したことからわかるように、イングランドで生まれた初期の経済ナショナリズムはネーションの公益の追求に専念した。数世紀後に経済的自由に反対する人たちが主張したように、個々の成員の利益は従属的立場に置かれた。

イングランドは重商主義の生みの親である。この重商主義の経済政策をアダム・スミスは『国富論』のなかで痛烈に批判したが、それは現実的な理由のためで、原理に反対したからではなかった。イギリスが世界の工場となり、世界の産業市場で占めるシェアが誰にも予測できないほど膨らんでからかなりの時間が経過して、自由貿易と競争はようやくイギリス経済の代名詞になったのである。それ以前、外国貿易では保護主義が、国内事業では独占が幅を利かせていた。あるいはフランスは、コルベール主義の指導のもとで資本主義への第一歩を踏み出したが、このコルベール主義は、生みの親であるジャン＝バティスト・コルベールが没してから何世紀も存続した。一方ドイツと日本は、テイクオフを経て資本主義経済体制がはっきり確立された時点でも、そのあとの長いあいだも、独裁的・集団的な社会の形態をとどめ、自由競争が国内ではほとんど認められず、国外ではまったく許されなかった。干渉主義的な政府は、生まれたばかりの資本主義を大切に育て、立法や教育や財政の分野の政策に国家の権力を総動員して守り抜こうとした。さらに、アメリカは政治的にリベラルだったが、広く歓迎される「アメリカの制度」が支持したのは、経済的リベラリズムや自由貿易ではなく、保護主義であり自由競争の制限だった。第二次世界大戦が終わり、ヨーロッパ（そして日本）が廃墟となり、アメリカが世界一の経済大国の立場を手に入れてようやく、「アメリカの制度」の意味は変化して、「自由企業や限定的な政府」を意味するようになり、経済的リベラリズムという今日の含意が込められたのである。アメリカの制度が、ネーションの経済政策によって完全に正当化されたわけではなかった。

自由貿易を最初に擁護したのはオランダ共和国で、近代経済誕生の物語のなかでは「一七世紀の大きな例外」として際立っている。この物語では、近代経済誕生のプロセスでナショナリズムが果たした重要な役割が精査され、その効果が証明される。したがって、オランダについてここで詳しく論じるべきだろう。

「大きな例外」――オランダ

オランダ（イギリス人からはオランダ共和国と呼ばれ、イングランドと同じようなネーションとみなされた）の事例は、近代経済誕生の観点から特に興味深く啓発的である。近代経済への変容を最初に遂げたのはイギリスで、その結果、近代以前の経済の実体に特有の成長と衰退のサイクルは断ち切られ、成長が「新しい標準」として定着したという説が一般には認められている。その意味で、イギリス、厳密にはイングランドは、世界のテイクオフの発信源だった。ただし、イギリスの優先的な立場にまったく異論がないわけではない。成長が起こり得る条件のすべてが最初に整ったのはオランダで、実際のところオランダこそ、経済に関して世界最初の覇権国だという事実は、一部の経済史家によって指摘されている。

どちらの指摘も間違いなく正しい。「ネーデルラント（Nether lands）」という名称はそもそも（すなわち、オランダが政治論で取り上げられるようになった一六世紀後半には）、一五五五年にスペイン国王となったフェリペ二世への忠誠を誓ったものの、後に反旗を翻した一七州のことを指した。北欧の一七州はスペイン領の寄せ集めにすぎず、言語も宗教も異なった。それでも財政や行政上の目的のため、ひとつの名前に統一される以前から単一体とみなされていた。一五〇〇年を境にして、「歴史上のヨーロッパの時代」は幕を開けたと言われる。ヨーロッパを中心にして、世界はひとつの経済制度に統一されていくが、それに伴い、ヨーロッパの経済活動の中心は地中海から北へと移動して、ネーデルラント、なかでも特に南部のフランドル州とブラバント州（一六世紀末までには一七州から分離して、「ネーデルラント連合諸州」すなわちオランダ共和国の一部ではなくなっていた）が、経済大国としての地位をイタリアから引き継いだ。特にアントワープは、このグローバルな制度のハブとなり、最初の本格的な無関税港になった。そして貿易量が増加すると、かつて他の場所で見られた現象が再現され、金融が高度に発展した。歴史家によれば、商人の共同体では「譲渡性小切手や割引手形、裏書手形が使われた。主な決済機能として、現金の代わりにはじめて信用取引が採用され、一五〇〇年頃には二五パーセントだったアントワープの金利は一五五〇年代に九パーセントにまで低下した」。アントワープが大きな影響力を発揮しているあいだ、北部の諸州も独自に経済大国としての地位を確立しつつあった。たとえば、アントワープの事業を手がける商船隊を構成するオランダの船舶の大半は、ホランデル人とゼーラント人が所有していた。オランダはすでに一五世紀、「『運送にかけては』ヨーロッパ最大のネーション」としての地位を確立していたのである(4)。

諸州が繁栄すると、支配者であるスペイン人は税金を積極的に取り立てた。そして、フランスとの戦争のための資金調達がスペインにとって喫緊の課題になると、ネーデルラントへの課税は重くなった。スペインの絶対王政は、貴族や都市など伝統的な集団の特権を侵害したが、この侮辱的な行為をさらに深刻化させる出来事があった。最初に一七州を寄せ集めたカール五世はヘントで誕生したが、息子のフェリペ二世は一五五五年にネーデルラントに姿を現したとき、オランダ語はむろん、フランス語さえ話せなかったのだ。これに侮辱された地元のエリート階級は、国王への協力を拒む。西欧の庇護のもとで進められた経済のグローバリゼーションの始まりは、宗教改革、ひいては**キリスト教共同体**の分裂と時期が重なっている。かねてよりネーデルラントは従来の宗教への反感が強く、地域独特のキリスト教が定着していた。比較的穏健なエラスムス派の信者の多くはプロテスタントになり、一五五〇年以降はその大半がカルヴァン主義者になった。「カトリック色がきわめて強い」スペイン国王の領土で、彼らが特に厳しい処遇を受けたのはわかるが、貴族階級のなかのカトリック教徒までもが疎外される。ネーデルラントも最初は妥協を試みたものの、ほどなく宗教問題に関するスペイン政府の頑なな態度に嫌気がさし、最終的にはスペインの支配に対して全面的な戦争を仕かけた。この戦争は八〇年間にわたって継続し、そのなかで、世界規模の経済制度が最初に誕生し、歴史の舞台に登場したのである。

オランダ経済の全盛

一七州はスペインに反抗して立ち上がり、そのうちの七つの州がオランダ共和国を結成する。この共和国は規模がかなり小さく、しかもハプスブルク帝国の大陸間商業ネットワークから締め出されたものの、国内外の市場を含めたオランダ経済の規模は縮小するどころか、むしろ驚異的に拡大した。しかも、オランダ共和国は戦争で弱体化したわけではない。年を追うごとに国力は増し、対立がようやく終わった一六四七年には、ヨーロッパの政治大国となり、グローバル経済の「覇者」にもなっていた。オランダ経済の突然の台頭は、経済史家が「経済の奇跡」として言及する最初の出来事であり、イングランド人の見方も同じだった。一六六八年にサー・ジョサイア・チャイルドは次のように書いている。「ネーデルラント人は、国内外の貿易を驚異的に拡大した。莫大な富と手広く営む海運業は現代人の羨望の的であり、未来のあらゆる世代が感嘆するだろう」[5]。およそ一五八〇年から一六七〇年にかけての時期はオランダの「黄金時代」と呼ばれ、オランダの驚異的な持続的成長は経済のあらゆる部門に影響をおよぼした。「その証拠が発見される場所」について、歴史家のド・フリースとファン・デァ・ワウデは以下のように指摘している。「(1) 農業部門では……おおよその推定によれば、一五一〇年から一六五〇年のあいだに労働生産性がほぼ倍増した。(2) 工業において、物的資本とエネルギー源が著しく増加した。(3) 海運業の出荷量一トン当たりに要する人員の割合が減少した。(4) このような形での生産性の上昇を反映し、実質賃金が増加した」[6]。

さらにオランダ共和国が、「金融革命」を経験した最初の政治的統一体だったことは間違いない。金融革命という言葉はイングランドの現象を表現するための造語だが、これがイングランドで発生したのは一六八八年の名誉革命よりもあとのことだ。金融革命という概念は、直接課税や間接課税、そして公債の導入を特に暗示するが、ネーデルラントではこれらの手段がすでに一四世紀から自治体レベルで実践されていた。これは複雑な手段や技術の存在を前提として考えなければ明らかに不可能であり、そこからは、ネーデルラントでは民間金融も進化を遂げていたことがわかる。一六〇九年に創設されたアムステルダム銀行は、アムステルダム市が信用保証を引き受け、大口決済のための非常に効果的な手段を商人に提供した。安全対策は万全で、匹敵し得る金融機関は一八世紀に入っても存在しなかった。おかげでアムステルダムは世界の金融の中枢となり、ここにしか定期的に流れてこない情報がその立場をさらに強化した。制度面のインフラが発達した時期は、大量の資本ストックが急速に蓄積された時期と重なるが、これはオランダの外国貿易の爆発的な成長の影響が大きい。しかし黄金時代の後半になると財政に変化が生じ、外国貿易と少なくとも同程度の重要性を持ったようで、独立戦争に資金を提供する手段になった。戦争末期の三〇年間、オランダ共和国の軍事費はおよそ二四〇〇万ギルダーに達した。「金融革命」によってネーデルラントは「呆れるほど」金持ちになったが、皮肉にもこれは戦費の負担をオランダ人民に押し付けることで成り立っていた。それを後押ししたのはふたつの革新的な戦略、すなわち直接税ならびに間接税の導入と、公債の発行である。オランダの新しい財政政策は直ちに効果が表れ、共和国の公債所有者の手元には大量の資本が蓄積された。一六四七年に戦争が終わった後には、彼らが受け取る利息は年間でおよそ九〇〇万ドルにおよび、一六四六年から一六八九年にかけて蓄積された利息は全部で三三〇〇万〜九九〇〇万ギルダーに達した。アムステルダムは、未曽有の規模の国際資本市場として躍り出た。それまで長い間オランダでは、マーチャントバンクによる外国政府への貸し付けが伝統だった。しかし一六八八年、オランダの民間投資家がイングランドの公債を購入し、イングランドのジョイント・ストック・カンパニーの株式を取得し始めると、対外融資の分野ではまったく新しいページが開かれた。それ以後、オランダ共和国経済への国外からの投資の割合が、オランダから国外への投資を上回ることはなかった。金融はオランダ経済で中心的な役割を果たすようになったが、ネーデルラントではずっと以前から、金融が事業として選択されていた。

衰退

しかし黄金時代が頂点に達すると、オランダ経済は衰退し始め、この衰退は決定的だった。人口増加、都市化、工業や農業への投資の傾向は逆転する。政府が発行する債券の所有者は外債にも積極的に投資しており、引き続き利益を確保していたが、この利益は成長に貢献するわけではなく、浪費されてしまった。オランダは世界最強の経済大国となり、史上はじめて世界経済の覇者となったが、全盛期から数十年も経つと、かつての姿に逆戻りしてしまった。

その原因は経済に備わっていた合理性だ。連合諸州に所属していた七つの州は、地域社会としての新たなアイデンティティを発展させ、そこには新しい地政学的統一体としての登場が反映された。しかし同時に、このアイデンティティには宗教色があった。おそらくそれは、スペインとの独立戦争で宗教が中心的な要素だったからだろう。そして、この宗教的アイデンティティの枠組みのなかでは、伝統的な経済の例に漏れず、オランダ経済は合理的な傾向をとどめた。オランダ人のアイデンティティは神とオランダ人共同体とのあいだの特別な絆によって構成されるものだとみなされた。そして、少なくともこの共同体に所属するカルヴァン主義者は、自分たちが神に選ばれし民だと信じていた。カルヴァン主義者によれば、自分たちの集団が神に選ばれた証拠に、神から決して見捨てられない。だからこそ、共同体は多くの苦難を経験するが、手ごわい敵に打ち勝つ能力を繰り返し発揮してきた。神が他の「下等な子どもたち」とオランダ人を区別することには、神なりの理由があるのだ。そう信じきっているオランダ人は、自分たちが選ばれたのは生まれながらの長所を備えていたからだと考えたり、神の行動を細かく詮索したりするような傲慢さとは無縁だった。一六六八年の時点でイングランドではすでに宗教が、いかに想像をたくましくしたところで、強力な世俗的精神に太刀打ちできる存在とはみなされなくなっていた。イングランドではネーションに備わった世俗的な力が評価され、ネーションの外ではいかなる権力も積極的に認められなかった。この点に注目したヤコブス・リディウスという人物は、第二次英蘭戦争でのオランダの勝利を次のように説明した。「小さな存在にすぎないネーデルラントが……逆転勝利を何度も繰り返すことができたのはなぜかと尋ねられるが……それに対しては、神とネーデルラントの子どもたちのあいだに成立している永遠の契約のおかげだとしか答えられない[7]」。

神と特別の関係を持つ存在とみなされたオランダ共和国は、経済的に（それ以外の意味でも）競争心が強くなかった。近隣の社会よりも大きく、あるいは同程度に発達していなかったという意味で、競争心に欠けていたわけではない。オランダ人の集合意識の枠組みのなかでは、近隣社会を競争相手とみなす発想が意味をなさなかったのだ。観点や本質的なアイデンティティの違いが何よりも大きな理由となって、イングランドとオランダのあいだで繰り広げられた四度の貿易戦争はいずれも、イングランドから仕かけられた。イングランドと異なりネーデルラントでは、成長に常に関心を向けるように奨励する倫理が存在しないばかりか、成長に注目すべき論理的根拠も提供されなかったのである。宗教倫理の枠組みのなかでは、富は誘惑とみなされ、富に目がくらめば天罰が下る危険があった。オランダ人は戦費を調達するために富を必要とし、そのプロセスのなかで非常に豊かになった。戦争で勝利を収めたら、今度は蓄積した富を手放す番だった。

オランダ共和国は「資本主義社会」、すなわち成長志向の近代経済に発展するために必要なすべての条件を備えていた。人口統計学的にも、商業的にも、さらには財政的、技術的にも、その能力があった。おまけに、資本主義に欠かせない社会構造も発達していた。ネーデルラントでは元々封建主義が弱いうえに、独立戦争の影響を受けたため、社会が開放的かつ流動的になり、「自由民」の労働が普及する条件が整っていた。しかし条件が実現するための理由が欠如していた。それは資本主義の精神である。だから集団の目標達成に向けて多くの長所に重点的に取り組み、指示を与えることができなかった。この実体はないけれども本質的な資本主義の精神という要素が欠如していたため、経済的合理性の論理が幅を利かせ、せっかくの長所は生かされず、経済のエネルギーは消散してしまったのだ。

社会主義vs.資本主義――ロシア

ナショナリズムと、それがステートや民間人のなかに促す競争心は、資本主義の台頭にとって唯一の必要条件のような印象を受けるが、ナショナリズムは常に経済をこの方向へ導くわけではない。資本主義が発達するためには、経済の領域がネーションの長所のひとつとみなされ、国際社会で競い合うための手段に選ばれることが前提とされる。他の領域のほうがネーションの競争力は勝っていると認識されれば、資源は他の場所に注ぎ込まれ、経済は無視される可能性が高い。ロシアはまさに、そのような選択をした。ロシアは世界で最も豊かな天然資源に恵まれ、国土は世界で最も広く、しかも前世紀には教育水準の高い労働力が世界で最も多かった。そのためロシアのナショナリズムは（すでに一八世紀には発達しており、かなり古い歴史を持っている)、経済ナショナリズムの形には変化しなかった。ロシアのネーション意識の高まりは、軍事大国としての台頭と時期が重なる。それ以来ロシアにとって軍事分野は、他国と競い合って国威を発揚する場であり続けている。そしてもうひとつの競争の領域が、ハイカルチャーだった。ロシアは世界最高の文学や音楽の伝統を生み出し、バレーや映画撮影技術は突出している。科学でも、多くの分野で世界のリーダーだった。これらに夢中になるのは、本物のロシア人としての証だと考えられた。対照的に、ビジネスや富全般への関心はきわめて「ロシア人らしからぬ」もので、そんなものに血道をあげるのは異邦人のやることだと嫌悪された。「真の」ロシア人は金を軽蔑すると言われる。もしも金が手に入ったら――天然資源が驚くほど豊富なロシアではその機会が多い――ぜいたくなライフスタイルを通じて散財するべきであり、それが一九世紀の貴族や今日の権力者の特徴になっている。では、金がなければどうか。ロシアは天然資源に恵まれているとはいえ、人民の圧倒的多数は常に貧しい。それでも何とか生きていけば、経済的繁栄に無関心な姿勢を自国の知識人から賞賛される。富を蓄積する仕事は常に少数民族に任せられ、少数民族、なかでもユダヤ人は、金と同様に蔑まれてきた。ロシアでは一九九〇年代、実力者――政治的なコネを持ち、権力志向が強い人たち――が共産国家崩壊後に手付かずに残された膨大な天然資源を山分けしたが、それを資本主義精神の台頭として解釈するのは間違っている。プーチンは直ちに、この無秩序な行為に終止符を打った。さらに、七〇年におよぶ社会主義／共産主義による支配が、資本主義精神を抑圧してきたと非難するのも間違っている。そもそもロシアに資本主義精神など存在したことはなかったのだ。

社会主義や共産主義は資本主義に取って代わるもので、資本主義の対極だという見解は、概して正しくない。社会主義も共産主義も、政治的な動機やイデオロギーや体制のタイプを示す政治的カテゴリーである。これに対して資本主義は、経済のプロセスやそれを導く動機——利益の飽くなき追求——のタイプのひとつであり、様々な政治的傾向との平和的共存が可能だ。国民社会主義のドイツは（ソ連の社会主義は、国際主義を標榜する点だけが異なる）、資本主義社会だった。そしてすでに指摘したが、ベニト・ムッソリーニはファシストのリーダーになる以前、「ヨーロッパで最初の共産主義者」として評価されたが、ファシスト支配下のイタリアも資本主義だった。

グローバリゼーション——日本

資本主義についての理解は、数多くの誤解に悩まされている。なかでも今日最も多いのは、資本主義はグローバリゼーションにつながるという誤解だ。一般に「グローバリゼーション」は、世界の複数の社会の統合が進み、ひとつのグローバル共同体が出来上がることだと理解されている。この統合は、狭い意味では経済の統合として解釈できるだろう。すなわち、ひとつの共通の経済制度のもとで、互恵的な経済の依存状態が拡大し、社会の輪が広がっていく。しかし、もうひとつの誤解——経済は政治と密接に関連しており、なかでも資本主義経済は、自由で民主的な制度や文化の土台である——に基づいて、「グローバリゼーション」は広義に解釈されるほうが多い。この場合には、世界中の社会の統合が経済だけでなく、政治や文化においても進行することが暗示される。このもっと一般的な広い意味でのグローバリゼーションの説明は間違っているし、冷戦後の政治と体系的に矛盾している。かつて二極化した世界は比較的安定していたが、冷戦の終結をきっかけに大混乱に陥り、紛争が日常化した。世界各地で台頭したナショナリズム同士が衝突し、人びとが傾倒する宗教や文化には統一感がなく、その結果として政治的枠組みは崩壊し、事実上バラバラに切り裂かれてしまった。地域レベルで進展する経済的統合の手本とされる欧州連合でさえ、政治や文化を含めた広い意味でのグローバリゼーションの事例としてはまず解釈できない(8)。

しかし経済的統合の進展という意味においても、EU域外でグローバリゼーションが進行していると主張したところで、裏付けとなる証拠は存在しない。グローバリゼーションという概念が成り立つためには、その前提条件として、以下のような傾向が安定して観察される必要がある。すなわち、以前は独立していた複数の経済の統合が順調に進み、最終的にはひとつのグローバルな枠組みが出来上がり、かつては自給自足にこだわっていた各地域のあいだで資本と労働の自由な交流が促され、かつては内向き志向だったあらゆる社会で外国貿易のシェアが拡大しなければならない。でも、そんな傾向が安定して存在することはない。こうした形での世界経済の相互関連性は、およそ一世紀前にピークに達し、それ以来、第一次世界大戦以前よりも低い水準になってしまった。しかも、どのような形で統合が実現したとしても、その特徴を見るかぎり、統合に参加するすべての経済にとって有益とは言えない。

アメリカ合衆国は、世界のどこよりも熱心にグローバリゼーションを擁護している。このネーションでは、世界のどこよりも相対的に大勢の人たちが、グローバリゼーションが進行中だと信じている。

そのため、世界のどこよりも相対的に大勢の人たちがグローバリゼーション志向で、「グローバル化」と表現できる活動に従事している。しかし他のネーションのほとんどは、アメリカのこのような姿勢をグローバリゼーションではなく、帝国主義と認識しており、統合ではなく征服と搾取を目論んでいるとみなす。そのためこれらのネーションは、手に入るあらゆる手段に訴えて身を守ろうとするが、そうなるとアメリカの例に倣い、第二次世界大戦以前のアメリカの姿勢を模倣することになる。当時はまだイギリス経済が世界経済のなかで最も有力で、イギリスのグローバリゼーションをアメリカは帝国主義と解釈し、抵抗したものだった。絶え間ない国際競争は資本主義の本質であり、そのような状況で関係者は、自らの長所を伸ばす一方、敵の長所を損なうことを目標にする。つまり、世界最強の経済は当然のごとく、自らの利益は世界にとっての利益でもあると解釈する。そして、自分には競争相手の市場を奪い取る力も、競争相手の市場を所有する権利もあると信じて疑わない。しかし、立場の弱い当事者は当然ながら、自分たちの競争上の利点を守ろうと努め、相手の思惑通りに物事が進むとは信じない。

日本の事例——異質なネーション

「グローバリゼーション」——独立した複数の経済が、ひとつの共通の制度に強制的に統合されるプロセス——が実際に「貿易の開放」よりも先行した事例として、日本は経済史でも突出している。この資源に乏しい小国は、二一五年間にわたって世界からの孤立状態を続けた。鎖国が始まった江戸時代はじめ（一五九〇年代）の政府は、イングランドを例外として除けば、世界の他のどの政府よりも独裁色が強く、江戸時代末期（一八五〇年代）になっても僅かな例外を除き、その状況に変わりはなかった。ただし、他人の問題に干渉するわけではなく、外国人に危害を加えることも、自分たちの意向を押しつけることもなかった。日本への入国を禁じ、国内の日本人が外国人に興味を持つような機会をいっさい許さなかっただけである。そして日本が外の世界に無関心であるのと同様、相手にも日本に無関心でいてくれることだけを期待した。日本経済では必要最低限の生活が優先されたが、それは江戸時代初期には、イングランドを除いた世界の他のすべての経済と変わらなかった。江戸時代末期になっても、イングランドに僅かな例外が追加される程度だった。日本では成長と衰退のサイクルが繰り返されて進歩は見られなかったが、日本は進歩すべきだと考える日本人はいなかった。

一九世紀半ばになると、日本の孤立主義はアメリカの捕鯨産業にとって深刻な問題になった。捕鯨産業が成長し続けるためには、太平洋の日本の領海内での燃料補給場所の確保が、船隊にとって不可欠だったからだ。そこで、ミラード・フィルモア大統領は日本の天皇宛てに親書をしたため、それを届けるために「強力な艦隊」を編成し、アメリカの捕鯨船に港を開放するよう求めた。アメリカの「黒船」の来航をきっかけに、ロシアとイギリスの艦隊も日本の領海への進出を始め、沿岸都市への圧力を加える。当時の日本には小火器が不足しており、身を守る手段は刀しかなく、最終的に貿易に門戸を開いたのである。

ところが、侵入者たちはナショナリズムを一緒に持ち込んだ。この現実的かつ世俗的で競争意識の強い新しい見解を日本人は貪欲に取り入れ、一八五〇年代末にはすでに、日本にナショナリズムのイデオロギーが存在するようになっていた。日本はナショナリズムが経済戦略の一環として持ち込まれたため、最初から経済――資本主義の本質――に重点が置かれ、僅か数十年のうちに新しい原則に基づいて国が再編された。やがて中国やロシアとの戦争で勝利を収めると、日本は軍事大国として台頭し、二〇世紀はじめには経済に関してもイギリス、アメリカ、ドイツ、フランスに迫る勢いだった。「どんどん押し寄せてくる日本製品」は、先行する四ヵ国にとって「脅威」であり、「悩みの種」になった。

こうして日本は開国を迫られた末、従来の方針を改めて国際競争と経済成長を重視するようになったが、皮肉にもそれは、通常とは大きく異なる意味でのグローバリゼーションの発達に至る最初の徴候だった。この新しいグローバリゼーションにおいては、競争関係を通じて異なる文明同士が結びついた。文明はひとつのシステムに統合されるわけではなく、お互いに理解不能な思考様式や感情は手付かずのままで関係を深め、それぞれが世界制覇を目指したのだ。日本が開国するまで、「ヨーロッパ」「西洋」「ユダヤ＝キリスト教」などの名称（どの言葉も、境界を厳格に定めていないが）で呼ばれる文明は、ひとつの枠に封じ込められていた。名称こそ異なるが、いずれも文明は一神論という認識の枠組みによって限定され、一神論との関わりが深く、いずれも二五〇〇年から三〇〇〇年前に確立された原則に基づいており、論理的に矛盾がなかった。過去一五〇〇年間のうちには、キリスト教の他にイスラム教社会も含まれた。しかし、まったく異なる文明、すなわち一神論を土台としない文明とのコミュニケーションは存在しなかった。そもそもその存在に気づかなかったのだ（これは、何世紀にもおよぶイスラム教徒のインド支配にも当てはまる。インド人は自らの言い分を主張するわけでも、本質的に異質の存在であることをイスラム教徒の主人に明らかにするわけでもなく、従順に支配された。一方イスラム教徒は、本質的な違いに注目する誘因に欠けていた)。ナショナリズムが台頭し、同じ文明に属するネーション同士が競い合うようになると、西洋近代はインドと接触し、中国とも限定的に触れる機会があったが、相手を異なる文明として認識することはなかった。(日本の場合と同様)発達レベルの低い文明とみなしたのである。アフリカへの態度も同じだった。ただしアフリカでは、西洋近代の認識的枠組みへの反感がなかったため、キリスト教やイスラム教の一神論の形態が普及した。しかしインドや中国や日本は、このような形の侵攻を許さなかった。理解できないことへの拒絶感が強かったため、「ヨーロッパ」の文明が侵攻を試みても定着できなかったのだ。ナショナリズム、そしてナショナリズムが持ち込んだ中立的な副産物、すなわち資本主義と科学だけが例外として受け入れられた。そのため、これらの真の意味で**異質の**ネーションは、「ヨーロッパ」や「西洋」世界が直面する唯一の手ごわい競争相手になったのである。

二〇世紀まで(そして、唯一の際立った例外の日本は二一世紀まで)、経済にせよ、他の分野にせよ、国際競争は少数のヨーロッパの(あるいはヨーロッパから派生した)ネーションに限定されていた。これらのネーションが中心を占める文明の周縁部にナショナリズムが広がっても、それに伴って競争心が広がるわけではなく、ひいては資本主義経済が花開くことなど滅多になかった。むしろ本質的に同一性を前提とするナショナリズムが持ち込まれると、持ち込まれる側と持ち込む側のあいだの評価に差が生じ、持ち込まれる側のほうが低く評価され、しばしば強い劣等感が内面化する。劣等感が内面化すると、そもそも競争など無駄な努力だという思いが膨らみ、野心を抱くどころか、実存的羨望やルサンチマンが煽られてしまう。抑圧的な劣等感を取り除きたければ、相手の圧倒的な優越感を消し去る必要があり、そのために文化、イデオロギー、政治などの分野で相手と戦い、あるいは実際に戦場で戦う（通常はゲリラ戦）。結局、資本主義では勝ち目がない。これは特に中東アラブ世界の顕著な特徴になっている（この問題については、あとからもう一度取り上げる）。

西洋の侵入に対する日本の反応には際立っている点がある。華々しい式典も行われず、開国を強制されたにもかかわらず、西洋に対して妬みや怒りを抱かなかったのだ。自分たちを侮辱しようとした列強とのあいだに同一性を認識しなかったため、劣等感は育まれなかった。もちろん、相手より不利な立場だった影響で、西洋列強による主権の侵害を許してしまった事実は理解していた。一八五三年の時点で、西洋には科学も技術も、産業が生み出す富もあったが、日本にはいずれも不足していた。したがって、これらをすべて手に入れるために努力するのは当然だった。日本の初期のナショナリストは「和魂洋才」をモットーにした。そして日本人はどんどん学び、意思あるところに道は開けることを証明したのである。

日本は国土が狭く、資源にも恵まれない。たっぷり所有する唯一のものがモチベーションだった。ふたつの都市に原爆を投下されて壊滅的な被害を受けたものの、それからほぼ半世紀のあいだ、日本は世界第二位の経済大国であり続けた。日本の先を行くのは、国土が広くて天然資源に恵まれたアメリカ合衆国だけだった。やがて二〇世紀が終わる頃、ナショナリズムは中国とインドに上陸する。このふたつの巨大な国の人口は、合わせて二五億にも達する。そしてどちらも政治はともかく、経済と軍事の分野での世界の支配を目指すモチベーションを十分に持ち合わせている。いまや、競争はグローバルになりつつある。エコノミスト誌の予測では、中国は二〇二〇年までに（購買力平価に関して）

世界一の経済大国になるという。競争原理に基づいた経済発展――資本主義――は、実質的に競争相手がいない状態で五〇〇年間継続してきたが、西洋はようやく手ごわいライバルの挑戦を受けている。

ナショナリズムを普及させる手段としての資本主義――ドイツと中国

資本主義はナショナリズムの産物である。ナショナリズムによって経済活動には変化が引き起こされ、従来のような必要最低限の生活の維持の代わりに、成長が活動の目標に据えられた。新しい精神が受け入れられ、なかでも利益の追求が社会的に承認された。こうして経済活動が好意的に評価し直されると、かつてはナショナリズムに無関心だった人民の関心を惹くために経済が役に立つ場面が出てきた。このような役割の逆転は、やはりナショナリズムの産物であるステートに関してすでに観察されている。集団的ナショナリズムの多くの事例では、エリートが育んだネーション意識が地政学的境界のなかで一般大衆に普及するうえで、ステートが重要な要因として貢献してきた。経済活動の場合もステートの場合も、このようなフィードバックループは集団的ナショナリズムでしか発生しない。なぜなら集団的ナショナリズムにおいては、ナショナル・アイデンティティに伴う尊厳を、ネーションのすべての成員が直ちに明確に確認できるわけではないからだ。実際、集団的個人としてのネーションの意思を神格化するためにエリート層の存在が必要とされるため、尊厳の重要性は曖昧にされる。エリート層は平等と普及的主権という原則への傾倒を、権威主義的な行動様式を介して表現する。そのため、ネーションのすべての成員は平等であるはずだが、より平等な集団が確実に存在する。このような状況でエリート層が一般大衆を集団的ナショナリズムに傾倒させるためには、平等や人民主権といった原則が自分たちの生活にとって妥当なものだと、成員に気づかせることが必要で、実際に尊厳を与えられれば忠誠心も生まれる。そのため、ステートの内部で編成されたナショナリストのエリート層は、人民にナショナリズムを植え付ける手段として、一般的には特別な教育やプロパガンダに訴える（これには時間がかかり、ファシスト支配下のイタリアやスペインの事例からもわかるように、常に成功するわけではない）。あるいは矛盾するようだが、ナショナリズムに民族的傾向が備わっている場合には、庶民を感化する手段として宗教に頼ることも多い。一方、すでに説明したが、個人主義的ナショナリズムにおいては、このような戦略は必要とされない。次に紹介するふたつの非常に重要な事例、すなわちドイツと中国の事例では、ナショナリズムへの誘導がステートによるプロパガンダや教育だけでなく、それ以外の手段によっても進められた。中国では、成長を促す経済活動の妥当性がステートによって認められたことが大きい。そしてドイツでは、ユニークな発想を持つナショナリストが、ステートとは無関係に続けたたゆまぬ努力が貢献していた。

ドイツのナショナリスト――F・リスト

この人物はフリードリヒ・リストで、経済ナショナリズムを最初に定式化して評価された『経済学の国民的体系』という本の著者である。一七八九年に誕生したドイツ人のリストはごく若い時期からナショナリズムの思想に取りつかれ、成人期のすべてをナショナリズムの扇動者として過ごした。当時のドイツは三八の独立したステートがドイツ連邦として緩やかに統合された状態だったが、そのほとんどで、彼の活動は反体制的だとみなされた。ドイツでネーションとしての議会、軍隊、司法制度、さらには文化制度を確立すべきだとリストは提唱し、さらには、ドイツの各ステートを分断している関税障壁を激しく非難する。そして、関税障壁の撤廃を目的に一八一九年、フランクフルトでドイツ商人・製造業者協会が設立されると会長に就任し、「海外のステートへの報復という原則に基づいて、ドイツで普遍的な制度を」確立することに努めた。リストはこの協会の代表者として、ドイツ経済統合のためのプロパガンダに取り組み、ライフワークとして打ち込んだ。そして最終的には、一八三四年のドイツ関税同盟の結成に貢献する。一八一九年当時の政治的に正しい見解からすると、これは重大な違反だった。やがてリストはヴュルテンベルク国民議会にロイトリンゲンから立候補して当選するが（ロイトリンゲンは彼が誕生した都市、ヴュルテンベルクは誕生した公国だった）、上層部はこれを否決した。それでも再び当選すると、今度は議会から追放され、「大衆の扇動」を理由に有罪判決を受け、懲役一〇ヵ月と強制労働を言い渡される。そこでリストはストラスブール、次にバーデンに逃亡するが、どちらでも退去を命じられたため、ドイツ国境を超えてパリへと向かった。このパリで、亡命者となったリストはラファイエットに出会い、アメリカ行きを提案される。しかし、自分を追い出した「祖国への愛が強い」リストは、当初この誘いを拒み、代わりにヴュルテンベルクに戻って国王に恩赦を求めた。ところが国王は彼を逮捕して、要塞に幽閉してしまった。失意のうちに数ヵ月を過ごした後、ようやく解放されるが、ヴュルテンベルクの市民権を直ちに放棄することが条件だった。リストは再びストラスブールを訪れるが、再びここから追い出され、再びパリに戻った。しかし今回は、執念深いヴュルテンベルク国王の要請で、パリからも追い出されてしまう。そこで選択の余地がなくなり、ラファイエットの誘いを受けることにした。

アメリカにやって来たリストは、アメリカ人の有力者たちをラファイエットから紹介される。当時彼らは、経済で勝るイギリスが提唱する自由貿易協定に憤っていた。そして、イギリスの貿易政策がいかに不公平か見解を述べることをリストに強く勧め、彼はそれに応じた。リストの見解は最初、本人が発行しているドイツ語の新聞に掲載されたが、その後、ペンシルヴァニア製造業促進協会によって書簡集として再発行される。このなかでリストはアダム・スミスを攻撃する一方、保護主義政策を提唱し、アメリカの制度を賞賛した。彼はこのような形で、アメリカの経済的利益をイギリスの攻撃から守ったおかげで、アメリカの友人たちから感謝された。そして感謝のしるしとしてまずは一八三〇年、ハンブルクのアメリカ領事に任命されるが現地で受け入れられず（ハンブルクで彼は、未だに危険な革命家としての印象が強かったので、拒絶されてしまった）、次に一八三四年、ライプツィヒの領事に任命されると、今度は無事に認められた。リストは領事としての立場を利用してドイツの鉄道建設に乗り出し、ヴァイマール、ゴータ、マイニンゲンの各公国との交渉をうまくまとめて合意にこぎつけ、おかげでドイツ全体での立場を向上させた。彼は主に刊行物を通じて世論に影響を与え（大勢の政府関係者にアイデアを売り込むときに、個人的にロビー活動を行ったのとは対照的だった）、人生最後の一六年間（一八三〇〜一八四六）をこの活動に捧げた。『経済学の国民的体系』（一八四一〜一八四四）が出版されるまでには影響力が非常に大きな人物になっていたが、この本によって新たに何千人もの崇拝者が加わった。しかしリストには、絶大な影響力を楽しむだけの寿命がなかった。長年のあいだに鬱積した欲求不満によって精神が蝕まれ、一八四六年に自ら命を絶った。

リストの思想

一八七〇年代末には、『経済学の国民的体系』はドイツで「最も人気の高い手引書」になった。ビスマルクもこの本を所有して、そこに書かれている見解の多くを共有した。保護主義運動こそ、ドイツが統一されるまで勢いを盛り返すことがなかったものの、それ以外のリストの思想の多く――政府の支援に頼らない姿勢など――は、すでに一八五〇年代から一八六〇年代にかけて実現しつつあった。リストの死から一年後に結成されたドイツ鉄道管理者組合の調整作業が功を奏し、鉄道建設は速いペースで進行し、ドイツ全土で様々な産業が誕生し始めた。ベルリン大学ではデューリングが、リストは今世紀の最も偉大な天才であり、彼の見解によって経済学は、『国富論』以来はじめて「本格的な進歩」を遂げたと絶賛した。

リストはロマン派ナショナリストの例に漏れず、世界はネーションに分割される形が本来の姿であり、個人の人間ではなくネーションこそ、歴史の本物の（すなわち重要な）動作主体だと考えた。個人の人間も全体としての人間も、どちらもネーションに依存しており、ネーションを介してのみ具現化が可能だという。一方、ネーションのあいだにはヒエラルキーが存在し、重要なネーションと重要ではないネーションに分類されるが、基本的にその基準は、文化の発展段階と潜在能力のレベルであり、このレベルは自然環境によって決定される。リストの見解では、ネーションの位置づけにおいては最終的に、気候が決め手とされた。たとえば、いわゆる「温帯」に属するヨーロッパや北米のネーションは、彼いわく「灼熱の」地域に属するネーションよりも本質的に優れている。したがって、温帯のネーションが灼熱の地域の資源を利用して、ネーションとしての自己実現に役立てる行為は正当化された。さらにこの目的のためには、ネーションの個々の成員を利用することも正当な行為とみなされた。個人の利益はかならずしもネーションの利益と一致しない。あらゆる状況において、個人の利益はネーションの利益に従属する。あらゆるネーションの根本的な関心は、ネーションとしての自己実現である。そしてネーションとしての自己実現は、他のネーションが邪魔したり協力を拒んだりすれば、妨害される可能性がある。他のネーションも同様に自己実現を目指し、独自の道を歩んでいるからだ。これが前提となり、国際競争の状態は際限なく続く。

ただし他のロマン派ナショナリストとは異なり、リストにとってこの競争には経済的な側面が含まれた。したがって彼の思想は、ナショナリストのエネルギーに新たなはけ口を提供し、経済の探求へと駆り立てた。マルクスと同様にリストは、ヨーロッパの一部のネーションと比べてドイツの立場は不利だと確信していた。ただし彼の見解によれば、その大きな理由は産業の立ち遅れだったため、イングランドやフランスだけでなく、オランダも主なライバルとみなされた。それでも最も注目したのはイングランドで、実際のところ、ドイツ経済が劣っている大きな原因は、イングランドが貿易相手に押しつける自由貿易政策だと考えていた。当時の状況のもとで自由貿易政策が採用されれば、工業製品の輸出国としてのイギリスの比類なき立場は盤石だったのだ。そこでリストは、工業製品の輸入からドイツを守るべきだと主張するが、それと同時に、ドイツ内部では関税を全廃する必要性を訴えた。すなわち、ドイツ連邦を構成する諸邦間で関税を廃止して、連邦内での自由競争が促されれば、経済は刺激されて発展すると考えたのである。リストにとって、国内で個人や大きな集団（産業プロレタリアートなど）が競争からこうむる悪影響や、海外の商品を安く購入できれば大勢のドイツ人に恩恵がもたらされる可能性は、重要ではなかった。経済的合理性にも同胞たちの繁栄にも、関心はなかった。ドイツが過去の文化的業績や将来の潜在能力にふさわしい評価を受け、国際共同体のなかで強力な立場を確保するにはどうすべきか、その点ばかりに頭を悩ませたのである。経済の理想ではなく、文化の理想を追求したのであって、そこにせいぜい政治が加わる程度だった。ネーション経済の発展は目的そのものではなく、ドイツが大きな目標を達成するために重要な手段のひとつにすぎなかった。リストの見解では、活気ある産業とは「ネーションの精神を鼓舞する強壮剤のようなもの」で、これなしでは、ドイツは「偉大なネーションへと一気に上りつめる」ことができない。活気ある産業は政治や文化の発展を促すための恰好の条件であり、ネーションとしての評価を確立するために不可欠だった。したがって、経済問題への無関心は危険を伴う。ドイツはイングランドと比べて劣るどころか、「フランスや北米、さらにはロシアにも大きく後れを取る可能性」があった。[9]

ネーションの経済発展はドイツの将来を大きく左右する。そのため、神の見えざる手に導かれて個人個人が経済的利益を追求するシステムに、重要な経済発展のプロジェクトを委ねるわけにはいかなかった。なかでもリストは、商人の経済的利益に警戒感を抱いた。商人には愛国心が本質的に不足しており、「ネーションの生産力、ひいては独立を犠牲にして」利己的な目的を追求しているとしか思えず、**自由放任主義の**原理に取りつかれた姿勢は「強盗や詐欺師や泥棒も同然だ」という印象をぬぐえなかったのである。さらにリストの見解では、商人はネーションの経済にとって、「生産者」ほど重要な存在ではなかった。生産者すなわち起業家や経営者は製造業に従事する一方、ネーションの「生産力」の向上にも貢献している。ネーションが教育や行政や計画を通じて、さらには文化や知性の全般的な向上を通じて、「富を生み出す力」を強化するために役立っている。しかし、そんな「生産者」の場合でも、「ネーションが調和のとれた形で生産力が発達するのは……個人の利益がネーションの利益に従属しているときに限られる」とリストは確信していた。そのためネーションの経済は、ステートが引き受ける仕事になったのである。

経済ナショナリズム

アメリカの歴史家ルイス・スナイダーは、何千人もの思想家や活動家のなかからリストをはじめとする一握りの人物を特定し、「ドイツのネーション意識の代弁者」として高く評価した。彼らがユニークな形でドイツ・ナショナリズムに貢献した結果、ネーションの概念に込められた意味が、経済領域ではじめて体系的に表現されるようになったのだという。(10) しかもリストの功績は、ドイツ語共同体に属する仲間の関心を経済に向けさせただけにとどまらない（リスト以前、経済はごくわずかな関心しか呼び起こさなかったのだから、それだけでも決して小さな成果ではないが）。経済にナショナリズムを盛り込んで注目させることに成功したのだ。このようにして彼はたったひとりで、以前にはなかった強力な民族的側面を経済活動に加え、それによって装いを改めた経済活動を国際社会での競争や成長に向かわせたのである。リストがドイツ経済のためのプロパガンダ活動を始めた一八一九年のはじめ、ドイツナショナリズムはすでに大きな政治勢力になっていた。ただし、ロマン派の知識人や研究者、あるいは大学教育を受けた官僚こそ、心のなかでナショナリズムの炎を燃やしたものの、都市でも田舎でもドイツ大衆の心に深く影響し、彼らの日常生活で大きなモチベーションとして作用したわけではなかった。特に経済活動はまったく影響されず、民族的な動機とは無縁の状態だった。(従来の制約にとらわれない)経済活動を促す唯一の動機は個人の自己利益の追求であり、社会的承認は必要なかった。このような姿勢が大きな障害となって、一九世紀前半のドイツ経済は全般的に停滞したのである。きわめて活動的な商人や生産者は起業家精神に恵まれてもおかしくなかったが、ナショナリズムが誕生した当初、彼らがナショナリズム的感情に動かされ、自分たちや所属する階級の利益を解釈する際、ネーションの利益という大きな視点を持つことなど滅多になかった。新しい視点を持てば事業の利益が膨らみ、社会的地位の向上にもつながるのだが、このような重大な意味が込められているとは気づかなかった。気になるのは目の前の状況が自分にとって有利か不利かという点までで、それ以上は発想を飛躍しなかった。そのため、様々な政治的・財政的合意の制約を受ける経済の空間をいかに生き抜くか頭を悩ませ、ビジネス感覚を研ぎ澄まし、政治的合意から利益を確保し、財政的合意を回避するために努力した。しかし、リストの登場によってロマン主義ナショナリストのメッセージは、経済に積極的な中間階級にまで届いたのである。

リストのプロパガンダが並外れた効果を発揮したのは、彼の提唱したナショナリズムが経済に重点を置いたことの影響が大きい。おかげで彼のナショナリストとしてのメッセージは、以前は蚊帳の外に置かれていた聴衆に向けられた。それは教育を受けていないブルジョア階級で、実際のところ誇り高いロマン派が考えるドイツ人の定義のなかでは見下された存在だった。しかし、リストが経済的側面の地位を高めたおかげで(生産力を広義に解釈し、ネーションの自己実現全体のなかで経済的側面が中心的な役割を果たすことを強調した)、ブルジョア階級に伴う卑しさは取り除かれ、ネーション共同体の特権階級の仲間入りを果たしたのである。その結果、小心な中産階級の市民にも、ナショナリズムが自己イメージや社会的地位の向上に驚くほど役に立つ可能性が明らかになった。事業に成功すれば愛国者として高く評価され、商売や産業事業には英雄的な要素が含まれた。要するに、生活のために選択の余地なく行ってきた活動に威厳が備わったのである。

中国における資本主義の精神

ドイツでナショナリズムが広がり、かつては軽蔑されていた無教養な中産階級にまで影響がおよんだ背景では、資本主義の精神――利益追求型の経済活動の妥当性を認める傾向――が中心的な役割を果たした。このドイツの事例は、この数十年間にわたって中国で進行している出来事を説明するために役立つだろう。もちろん私が提案する仮説は、真偽を証明するための調査に何年も必要だが、中国での展開には途方もなく大きな影響力があるので、ここで考慮する価値は十分にある。

西洋列強による日本の強制的な「開国」の結果は、なかなか誇張しにくい（この結果だけに注目する政治学では、まずそうは考えられない）。日本がネーションとして装いを改めるとナショナリズムが台頭し、それ以後は経済の分野などで新たな歴史が刻まれてきたが、その足跡は、西洋列強がアジアの小国の主権を無視したことに確実に影響されている。日本に対する主権の侵害が、前世紀の積極的な軍事進出のきっかけになったことに疑いの余地はない。それが最終的に、東京大空襲ならびに広島と長崎への原爆投下につながった。日本は一八五三年に西洋列強から教訓を学んだが、一九四五年には、今度はアメリカから教訓を学んだのである。ただし、一八五三年のアメリカ海軍による破滅的な侵略は、もっと重大な結果を引き起こし、世界の政治地図やそのなかでの西洋の立場を様変わりさせ、五〇〇年におよぶ西洋の覇権に終止符を打った。この結果は、今日ようやく明らかになった。それは中国におけるナショナリズムの台頭である。

競争心の強いネーション意識――個人の尊厳は「人民」の威信と分かちがたいという意識――は一八九五年から一九〇五年にかけて、中国の超一流の知識人の心に強く響いた。一八九五年、中国は日本との戦争に敗れたが、この小さな島国からの侵略者を、当時の中国は倭（小人）と呼んで見下していた。すでに中国は、西洋列強が自分たちの富を貪欲に奪い合う状況に慣れきっていたが、そんな不当な仕打ちをされても自信が揺らぐことはなかった。しかし、裏庭に浮かぶ小さな島国の日本からの攻撃によって、中国は自信を打ち砕かれ、衝撃的で耐え難い屈辱を経験する。やがて日本が一九〇五年、「白人大国」ロシアに大勝利を挙げると、中国の尊厳が受けたダメージは多少和らいだ。中国から見れば、ロシアはヨーロッパの恐るべき大国で、他の西洋列強にも恐れられる存在だったからだ。そのロシアの敗北によって、西洋に対するアジアの挑戦には成功の可能性があることがわかった。そして中国の知識人は、日本をその象徴的存在とみなした。

こうして日本は、中国人の注目の的になった。士大夫《したいふ》は日本に留学し、やがて二〇世紀はじめの数十年間で中国の軍隊や官僚組織を改革し、役人としても活躍する。一九一一年の辛亥革命は、日本の明治維新の事例に触発されたものだ。そして、二〇世紀初頭の日本はナショナリストの傾向がきわめて強かったため、そのイメージを参考にして誕生した新しい中国も、ナショナリストの原則に基づいて建設された。中国にとって日本は重要な「他者」で、見習うべきモデルであると同時に、憤りを向けるべきアンチ・モデルでもあった。そんな日本から、中国のナショナリズムはネーションの概念を借りてきたが、そこにはネーションを表現する言葉も含まれていた（中国語のkuomingは、日本語の国民に由来する）。国民党（Kuomintang）の運動（中国ナショナリストの運動）は明らかに日本に触発され、日本の度重なる侵略によって勢いづいた。

国民党に対する毛沢東の闘争もまた、反日ナショナリズムによって触発された。これは矛盾しているようだが、決して意外な展開ではない。他のほぼすべての場所と同じく中国でも、共産主義は国際主義の衣をまとったナショナリズムだった。中華人民共和国の建国時に行われた毛沢東の演説からは、ナショナリズム的な意図がはっきりと読み取れる。中国を「共産主義」のネーションと呼ぶことによって、新生中国はソ連からの支援を確実にした。毛沢東から見ると、アメリカよりもソ連のほうが頼りになる存在だったのである。しかしソ連でも中国でも共産主義者は、自国のプロジェクトにナショナリズム的な性質が備わっている点を隠そうとはしなかった。どちらでも、官僚や知識階級などの上層部は自意識過剰なほどのナショナリストであり、共産主義による支配を巧妙に利用しながら、ナショナリズムの究極の目標の達成を目指した。その目標とは、ネーションの威信や尊厳の獲得である。ただし中国では、ネーション意識が少数のエリートに限られ、大衆は基本的に蚊帳の外に置かれた。一〇〇〇年以上にわたる伝統にしたがい、教育が出世の手段を提供してきたのは事実だ。さらにヨーロッパと異なり、エリートとしての立場は家柄ではなく、試験の結果に基づいて割り当てられた。それでも、学識のある上流階級と一般庶民のあいだに平等意識など存在せず、しかも共産党政府の高圧的な政策は、平等意識の誕生にほとんど貢献しなかった。実際のところ平等は社会の前提とされたものの（おまけに、教育や社会階層の上昇を通じて高い地位を獲得することは不可能ではなく、合法的でもあった）、中国のナショナリズムは平等をまったく重視しなかった。ナショナリストにとっては、他のネーションと比べてどれだけの尊厳が備わっているかが唯一の関心事だった。学識のある上流階級と尊厳を共有できない何億人もの人民は、同じ気持ちを共有できず、尊厳など他人事でしかなかった。

ところが、中国政府が資本主義経済へと舵を切ると、状況は激変する。鄧小平は、中国でリストに匹敵する人物だ。ドイツでは一八四〇年代、民間企業の倫理的立場が向上した結果、中産階級がナショナリズムに目覚めたが、同様の現象が中国でも起きた。偉大なる中国を中心で支える柱として、経済力が明確に規定された結果、一般の中国人がナショナリズムの魅力に目覚めたのである。ネーションの感情は一世紀にわたり、中国知識人のあいだでゆっくりと時間をかけて育まれてきた。ところが中国経済がこの二〇年で急成長を遂げると、大勢の中国人民がネーションの感情に目覚め、意識を改めたのだ。何億人もの中国人民は、ネーションの尊厳に直接的な形で貢献し、利害関係を持つようになった。その結果、ネーションの尊厳は自分たちの尊厳となり、ネーションのアイデンティティを自分たちのアイデンティティとして受け入れ、ネーション意識を持つにいたったのである。このように大勢の人民が一気にナショナリズムに目覚めたおかげで、中国という巨象は国際的威信を確保するためのグローバルな競争に参加することができた。その結果として目に見える形で急速に、そして必然的に、高い地位まで上りつめたのである。

中国——中華帝国——の支配者は何千年にもわたり、自分たちは世界の中心にいると信じてきた。しかし一九世紀末、それは自分たちにとって不利だと認識し、中心的立場を誰も気づかせないように努力したが、その結果として大きなダメージをこうむった。ところがいまや、一握りのエリートだけでなく大勢の人民も、中国が世界で認められることを要求し始めた。中国が膨大な人口と本来あるべき立場――世界の中心としての立場――にふさわしい国際的地位を確保すべきだと主張するようになった。実際のところ、**ナショナリズムのグローバル化**のおかげで、私たちの時代は新しい世界秩序が創造された時代として記憶される可能性が高い。中国が舵取り役を務める新しい世界秩序が誕生したのである。

第5章

ナショナリズムと近代のパッション

ナショナリズムは、私たちのまわりの世界を変容させた。社会的・政治的現実、さらには経済に本質的な変化を引き起こした。ネーション意識が公的領域におよぼした影響は計り知れず、十分に理解されていない。しかし、ネーション意識が私たちの内面の世界も変容させ、心に影響を残したことについては、さらに理解が不十分である。

すでに論じたように、「ネーション意識」は現実についてのビジョンを暗示している。非常に特殊な思考様式であり、それが生活の様々な領域で制度化されると、行動が継続的に促され、一定の行動様式が形成されていく。このような思考様式が私たちの考え方を規定することは、改めて言うまでもない。その意味では、ナショナリズムが心に与える影響は明らかである。しかしこの現実についてのビジョンが、私たちの感情のありようにも、少なくとも同程度の影響を与えていることは理解しにくい。ネーション意識が人間の感情のレパートリーに変化を引き起こすと言われても、とても正しい定義とは思えず、むしろ信じられない。それでも思考形式が考え方を規定するという主張の場合と同様、ネーション意識（その意味では、機能的に等しいどんな意識形態も）とは何かを論理的に理解すれば、感情への影響を当然の結果として受け入れられる。私たちは感情によって現実を経験する。要するに、私たちの実存的経験は、感情のレパートリーによって決定される。そうなると近代以降の実存的経験は、ナショナリズムによって規定されることになる。

ナショナリズムと感情のレパートリー

個人の運命

まずは語彙について取り上げるのが最善だろう。この分野でもイギリスが先鞭をつけた。一六世紀、近代英語では感情に関する語彙が劇的に増加して、他のどの言語もかなわないほど多くの新しい言葉が登場した（従来の言葉の概念が見直されるか、あるいは新しい表現方法が創造された）。当時は、過去に存在しなかった感情が広い範囲で経験されるようになり、それを説明するために新しい言葉が必要とされたのだ。よく調べてみると、これらはいずれもナショナリズムの三つの原則、すなわち世俗主義、基本的平等主義、普及的主権に関連している。

この三つの特徴はいずれも、個人の運命は個人が支配するものとみなす。あらゆる事柄は死後の世界で解決されるという期待を打ち砕き、何を優先すべきか決定する最終的な権限を個人に委ねた。したがって、社会的地位の向上を目指す行動が促され（人はみな平等だと仮定されるが、誰でも自分より優れている人としか平等になりたくない）、社会的地位、ひいてはアイデンティティを選択する権利が個人に与えられた（誰もが基本的に平等ならば、全員の立場が交換可能になる）。こうしてナショナリズムによって自由が暗示されると、どうなりたいかを選択する権限が個人に与えられ、それが奨励される。これとは対照的に、ナショナリズムが誕生する以前の宗教が支配する社会では、「大きくなったら何になりたいか？」と訊ねられる機会はなかった。生まれた時点で、それは決定されていたからだ。したがって、何でも好きな身分を選べるようになると、個人のアイデンティティの形成は厄介になった。そして社会が提供するアイデンティティの定義の選択肢が増え、平等へのこだわりが強くなるほど、事態は複雑になった。明確なアイデンティティは、心が正しく機能するための必須条件である。しかしネーション意識――近代文化――は、個人がこのような明確なアイデンティティを持つ助けにはならず、混乱の要素をはらんでいた。これでは文化は十分に機能せず、文化の枠組みのなかで個人に一貫した指針は提供されない。このような状態を、デュルケムは**アノミー**（*anomie*）と名付けた。

ナショナリズムの三つの原則――世俗主義、平等主義、普及的主権――の実践方法には大きな違いがあるが（特定の社会でどんなタイプのナショナリズムが発達したかに左右される）、どの原則も必然的に、ネーションにおける個人のアイデンティティ形成に影響をおよぼしている。社会階層が厳密に定められ宗教色の強い社会では、すべての人の立場や行動が生まれや神の摂理によって規定される。しかしネーションの成員はもはや、自分は何者で将来は何になるかを環境から学ぶことができない。近代の個人は、ナショナリティという非常に一般的なカテゴリーにとらわれることなく、自分は何者で何をすべきか決断しながら、自分でアイデンティティを構築していかなければならない。イングランドではナショナリズムが誕生したばかりの時期、個人のアイデンティティの構築が厄介な問題として浮上して、直ちに新しい感情が生まれた（新しい感情は、英語から翻訳された言葉という形で他の社会に伝わる。時には、ナショナリズム自体が導入され確立されるよりも早く、新しい感情のほうが伝わる可能性もある。その場合には、多くのステートや一部の資本主義の事例が示すように、感情がネーション意識の形成を促す）。これらの新しい感情は、厄介な状況に何とか対応し、厄介な状況が創造する精神的ニーズに応えるために誕生した。なかでも最も重要なのは、野心、名誉欲、恋愛、幸福である。いずれも正反対の苦しみの感情を伴うので、その結果、苦しみの理由や経験にも変化が引き起こされた。

地位や名誉への欲求

ナショナリズムが誕生すると、個人は（男性だけでなく、時には女性も）自分の人生を自ら支配して、自らを自由に創造できるようになった。しかも人間性やイングランド人らしさ（他のすべてのイングランド人と基本的に平等な立場）は失われず、そのまま維持される。そのため個人は、社会階層の上昇だけを考え、尊厳を高めることができた。これは驚くべき可能性で、この可能性について考えるために**名誉や地位を熱望する**（aspire）という言葉が選ばれたことからも、当時いかに大きなセンセーションが巻き起こされたか推測できる。この動詞そのものはすでに一五世紀、「上昇への欲求」という意味で使われており、このような早い時期に使われた事例が、オックスフォード英語辞典にはひとつだけ紹介されている。しかし、「名誉や地位を熱望する」という言葉の派生語はすべて、一六世紀、それも特に一六世紀末に誕生したものだ。たとえば、「名誉欲（aspiration）」という言葉はシェイクスピアによってはじめて使われた。[1]それは身体的な高揚感を与える心地よい経験であることがわかったが、やがてこの言葉がエリオットの辞書で取り上げられたときには、道徳的な高揚感も伴い、知的側面さえ加えられた。その結果、「名誉欲」とは何よりも、「物事を成就するために力のかぎりを尽くす情熱」として解釈されるようになった。[2]同様に、他にもいくつかの単語の概念が見直され、新しい形が追加されると意味領域は拡大した。その結果、新たに実現した可能性や、人間の独創性の領域を反映する言葉が生み出され、なかでも特に個人の自己実現能力は注目された。たとえば「達成する（achieve）」という動詞には、尊厳を獲得するという新しい意味が加わり、努力して尊厳を手に入れることの象徴になった。ここから「成果（achievement）」、「達成者（achiever）」、「達成（achievance）」といった言葉が派生する。たとえば人間の活動を通じた改善を意味する新語の「改善（betterance）」とその名詞形の「改善（bettering）」の場合、「改善（bettering）」は一七世紀はじめ以降あまり使われなくなったが、それと同様、「達成（achievance）」という名詞が使われる頻度は減少した。しかし、「自分を高める」あるいは他人によって「改善される」という意味で動詞の「改善する（better）」が使われ続けたように、「成果（achievement）」と「達成者（achiever）」のほうは、新しい語彙として定着した。あるいは、「成功（success）」という単語は、元々中立的で、何かに挑戦して得られたいかなる結果も指した。しかし概念が見直され、「良い成果」に意味が限定され、そこから形容詞の「成功した（successful）」や副詞の「成功して（successfully）」が派生したのである。

意味空間が新しくなると、野心とその中心的概念の立場は曖昧になった。「野心」はラテン語に由来する古い言葉だ。中世には、何かを――特に名誉を――熱望する気持ちや、虚栄心や尊大さを表現するために使われた。そのため野心は悪徳の一部だったが、一六世紀に入ると概念は見直される。そして古い意味を維持したまま（今日でも維持されている）、種類を問わず熱烈な願望を意味するようになり、何を望むかによって、美徳ともみなされた。良い感情にせよ悪い感情にせよ、野心はとにかく強烈で、この強烈さが本質だった。一方、「情熱（passion）」という言葉が野心と一緒に使われるようになると、現在のように強烈で圧倒的な感情、すなわち心や精神の気高くも真摯な動きを意味するようになった。この変化は、心の至高性（sovereignty）が自己の構成要素として認識され始めた状況の反映である。つまり神に対してだけでなく、社会に対しても自己の至高性は認識されるようになった。この発想はイングランドの新しい現実観を強く暗示しており、イングランドの新しい経験を規定した。そして野心は、至高性を支える二本の重要な柱のひとつになった。野心は自己の内側から湧いてくるもので、内なる活力だった。かつての「情熱」は意味が異なり、外部の何らかの力が引き起こす行動に影響された対象が、抵抗する術もなく、おとなしく現状を受け入れるときに経験する苦しみを指した。しかし、野心と一緒に使われることによって、意味に変化が生じた。なぜなら、野心は外部からの働きかけに制約されない、圧倒的な感情であり、野心に駆られた本人までもが圧倒されてしまう。取りつかれてしまうと、抵抗することはできない。

情熱的な野心――いわゆる強烈な感情――は、社会が拒むような指針を人生に与え、興奮、希望、インスピレーションなど、他の多くの感情を生み出す源泉になった。社会のなかでアイデンティティを求めて休みなく旅を続けるとき、野心は心を導くコンパスの役割を果たした。心のなかから指示を出し、何かを熱望して達成したくなるように仕向けてくれる。その何かとは常に同じもの、すなわち個人のアイデンティティで、それに伴う尊厳は、ネーションのアイデンティティや人間性に伴う尊厳よりも大きい。それを確保すれば、自分にふさわしい社会的地位が手に入る。野心が実現すると、達成感、自己満足、自信、誇り、強烈な喜びといった感情がもたらされる。しかしもちろん、多くが競い合うなかですべての野心が実現するわけではない。野心が思うように実現しないとき、あるいはうまく実現したあとに失敗を経験したときには、かつての意味での情熱、すなわち痛みが湧き上がる。

一六世紀のイングランドの独特の苦しみは、野心が大きな原因だったのである。

愛情

野心をくじかれる不安——あるいは経験——から身を守ってくれるのは愛情（love）である。「野心」と同じく「愛情」も古い言葉だが、野心とは異なり、一六世紀よりも以前から広く使われていた。その一般的な意味は、ヘシオドスの作品に登場するエロスという言葉の最初の概念——自己超越的かつ熱狂的な願望——に近い（皮肉にも一六世紀の英語では、この概念を表現する言葉は中立的な意味の「野心」に置き換えられた）。そのため、愛情はキリストの愛、さらには神の愛といった崇高な感情だけでなく、肉欲的で卑しく、本質的に罪深い性欲を表現するためにも使われた。これに対して一六世紀のイングランドでは、愛情の概念——今日と同じ概念——が大きく異なった。セックスをはっきり暗示する傾向は残されたまま、セックスへの姿勢はキリスト教の考え方と正反対になった（以後数百年間に「愛情」が各地で翻訳されるうちに、セックスの重要性は高まっていった）。こうして、愛情と性欲の結びつきは明らかになった。その一方、愛情という言葉の古い意味は完全にすたれ、今日の私たちには異質に感じられる。かつてそんな意味が存在していたことを現代人にわからせるためには、学術論文が必要なほどだ。

後に「恋愛（romantic love）」として知られるようになった新しい種類の愛情も、自己の至高性を表現するための中心的な要素のひとつになった。恋愛は究極の情熱であり、実際、本物の感情が自由に解き放たれることによって表現される。人間の崇高な精神が最高の形で表現されたと言ってもよい。

すなわち野心と同様に恋愛は、ネーションという新しい現実のイメージの反映であり、ナショナリズムの創造物である。この新しい現実観を英語に符号化するうえで、他のいかなる個人よりもシェイクスピアは大きく貢献し、おかげで恋愛は言語そのものにとって不可欠な要素になったのである（したがって、英語を話す人なら誰でも恋愛という新しい経験を共有できるようになった）。オックスフォード英語辞典によれば、愛情はシェイクスピアによってはじめて、情熱として定義されるようになった。まずは一五八八年の『タイタス・アンドロニカス』、次は『ロミオとジュリエット』で恋愛が取り上げられる。この作品は、今日理解されているような形の恋愛小説の典型で、シェイクスピアは事実上、この作品のなかで恋愛の理想のタイプを構築した。

自由で束縛されない近代の個人は、周囲の社会のなかで自分をうまく位置づけられない。しかし野心と同様に愛情を通じて、ふさわしい場所を見つけて自らの本質を明らかにできるようになった。機能的には、愛情も野心もどちらも、**アイデンティティの形成を促す手段**であり、その事実が何よりも、私たちの生活で愛情という感情がきわめて重要な役割を果たすことを物語っている。しかし愛情には、野心とは対照的な部分もある。野心に駆り立てられている場合には、遠回りをしなければならないときがある。自分と一緒に同じ道を行く人や、道が交差し合う人が大勢いて、障害物コースを進んでいるようなものだ。そのため、決して努力を怠ってはならないが、良い結果が保証されるわけではない。これに対して愛情は、そんな努力をいっさい必要としない。愛情が芽生えたら、身を投げ出してしまう。なので回り道をしなくても真のアイデンティティを発見できる。至高性を備えた自己が努力しなくても最高の形で表現されるのだから、これはまさに奇跡だ。それでもこれが自己表現とみなされるのは、真の愛情の対象を運命の人として直観的に認める決断には、矛盾するようではあるが、誰にも束縛されない自由な形での選択が関わっているからだ。運命で結ばれた二人はお互いに、自らのアイデンティティや真の自己を相手のなかに見出す。これは『ロミオとジュリエット』の中心的なテーマである。

もちろんイングランドでも他の場所でも、愛情を表現する能力は一六世紀以前から存在していた。同様に、熱望や野心を表現する能力も存在していた。なぜなら、特定の文化に独特の精神的経験は――ビデオゲームを楽しむにせよ、タバコやコーヒーを常習的に愛飲するにせよ、何かを切望するにせよ、恋愛するにせよ――経験を表現できる能力が人間性そのもののなかに存在しているから実現するのだ。ただし、本来備わっている能力の存在だけでは、例外的な逸脱行為を説明することはできても(たとえばアベラールとエロイーズの物語)、特定の時代や社会のなかで、かつては逸脱した経験とみなされた経験が事実上普遍化する理由を説明できない。実際のところ、一六世紀のイングランドではナショナリズムのおかげで、思考や感情や行動に野心や愛情が関わることが標準となり、制度化されたのである。

「幸福」の追求

一六世紀末のイングランドでは、シェイクスピアが『ロミオとジュリエット』で明確に示したような愛情が支配的な情熱になったが、それは愛情なくして幸福はほぼ不可能だったからだ。今日の私たちは、幸福の追求は人間にとって奪うことのできない権利だと主張する。幸福への欲望は普遍的なものだと考え、それを自明の真実だとみなす。しかし、愛情や野心や成功と同様、幸福もまたネーションの現実のイメージが生み出したもので、基本的に世俗的・人間中心主義的である。したがって幸福の概念、ひいては経験もかつては存在しなかった。近代英語以前のいかなる言語にも、幸福を意味する言葉はなかった（したがって追求されることさえなかった）。そもそも、超越的な力が支配するいかなる世界でも、幸福など想像もおよばなかった。

今日の私たちが「幸福（happiness）」として解釈するすべての言葉――古代ギリシャのエウデモニア（*eudemonia*）からボヌール（*bonheur*）、フェリチタ（*felicità*）、グリュック（*Glück*）、シャスティエ（*schastye*）など、現代の各地特有の言葉に至るまで――は、元来は「幸運」の同義語であり、運命による慈悲を暗示していた。したがって、エウデモニアやボヌールを経験することは、慈悲を受けて「祝福される」ことを意味した。これは真実についての説明であって、存在の主観的状態の描写ではない（実際、ギリシャにおける理解の枠組みでは、エウデモニアはまったく経験できない。なぜなら、尊厳死が決定的な特徴とは言えなくても、最も重要な要素のひとつと考えられていたからだ。運命の慈悲を受けるか受けられないか、神から恩恵を施されるかどうかは、死んだ後にはじめて決定された）。そうなると、幸運は願ってもよいが、追求することはできない。幸運も不運も、どちらもまったく予測不可能で、常に予想がつかず、私たちの行動の影響を受けない。どのような運命が降りかかるかは、私たちの支配がおよばない力によって決定される。そして、まったく手に負えないのだから、幸運に恵まれなくても私たち自身の責任ではないと解釈される。これとは対照的に、一六世紀に新しく誕生した「幸福」という言葉が意味するのは（実際これは、「チャンス」や「運（luck）」の数少ない同義語の「運命（hap）」から派生した)、生きた喜びの経験だった。オックスフォード英語辞典によれば、「身の回りの状況や環境への満足感から生まれる」。そして状況や環境は自分の手で良い方向に変えられるのだから、幸福を追求することは可能であり、むしろ追求する必要があった。こうして幸福は、物事の達成や成功や自己実現に関わる問題になった。要するに、安定して満ち足りたアイデンティティの構築を意味するようになったのだ。

機能性精神疾患

ネーション意識が創造する開放的かつ世俗的な社会では、自分の人生を自ら選択して切り開かなければならない。自分で自分を形作り、自分の幸福は自分で創造していく。しかしこのような権限を付与されると、結果に対する個人的責任が生じ、それに伴い、近代独特の不幸や苦しみが発生した。そしてそれが深刻な形をとると、機能性精神疾患として表れる。

機能性精神疾患は一九世紀末以来、ふたつの対照的な病状、すなわち統合失調症と情動障害に根差しているものと思われてきた。発想がネーション意識にとらわれている私たちは当然ながら、これは普遍的な人間性が表現された結果であり、歴史的に遍在する現象として考える傾向がある。その意味では、愛情、野心、平等や自由への願望と変わらない。そのため、機能性精神疾患を過去のすべての社会に当てはめ、どこにも当然存在するはずだと考えてしまう。近代西洋の(すなわち、一神教が根付いている)**ネーション**で機能性精神疾患として認識されるものとはまったく異なる症状に苦しんでいる社会にも、何とか見つけ出そうとする。実際のところ私たちは、症状の違いは表面的なものにすぎないと説明し、目に見えないけれども存在を推定できる真実が、目に見えるけれども重要ではない「人工的な文化」によって覆い隠されているだけだと説明する。しかし、機能性精神疾患を引き起こす器質性の原因、たとえば遺伝子などを突き止めるための努力は継続し、資金も十分に提供されているが、未だに発見にはいたらない（実際、統合失調症と情動障害は「器質性の原因が不明の」病気として定義されており、「機能的」という言葉はまさにその点を強調している）。結局のところ、機能性精神疾患についての知識は、臨床観察、すなわち目に見える症状の観察に基づいているが、症状の違いをうわべだけのものとしては片づけられない。この場合の症状の違いは、病状の違いを象徴している可能性が非常に高い。

狂気の歴史

ネーション意識と機能性精神疾患のあいだの直接的な関連性については、多くの歴史的文献によって指摘されているが、「専門家」から見ればそんな指摘は不適切であり、一貫して無視されてきた。もちろん愛情や野心と同様、このような病状を経験する能力や可能性は、人間性に本来備わっているものだ。したがって、統合失調症や情動障害と呼ばれる症例はどちらも、ナショナリズムが誕生する以前から各地に存在していたかもしれない。しかしナショナリズムが登場してはじめて、機能性精神疾患は社会問題や公衆衛生上の問題となった。なぜなら定期的に発生し、発生率が増加していったからだ。最初は一六世紀はじめにイングランドで、新しい見慣れない病状として確認された。そして、いかなる身体的疾患とも人生の段階とも（感染、発熱、怪我、女性の生殖周期、加齢はいずれも、突飛な行動、思考錯乱性言語、せん妄状態など、精神病と診断される症状を引き起こすことが知られている）関連性がない点で、それまで知られていた多くの精神疾患のどれとも異なっていた。しかも慢性的で、何度も再発する。既存の医学用語の語彙は豊富だったが、新しい病状を的確に言い表す言葉はなかった。そこで新しい語彙が考案され、その中心に**狂気**（madness）という新しい言葉が据えられた。

一六世紀の観察者が述べているように、狂気においては、統合失調症と躁うつ病のふたつと関連する症状が組み合わされる。すなわち狂気は双極性で、自殺念慮をたびたび伴う抑うつ状態と、極端に興奮した躁状態のあいだを揺れ動く。そのため意思が大きく損なわれ、抑うつ状態に陥ると心身の機能は停滞し、逆に操状態に陥ると行動の抑制が効かない。躁状態が悪化するといわゆる「急性精神病」になり、これは「躁暴的狂気」とも呼ばれる。抑うつ状態と躁状態のどちらも妄想にとらわれる可能性があり、そうなると、内面の精神世界と外の世界の事象を区別する能力が失われ、人間の現実に備わっている象徴性を理解できなくなってしまう。これでは、人間は正しく機能することができない。狂気の病状には、自意識が大きく関わっている。抑うつ状態で落ち込むと自己嫌悪に陥り、躁状態で誇大妄想に取りつかれると完全な自己喪失に陥る。そしてさらなる妄想に取りつかれると、自己と世界との関係について奇妙で奇抜な発想を抱き始める。これでは事実上、問題がふたつの異なる精神状態で発生するので、アイデンティティが崩壊してしまう。

狂気はネーション意識と共に広がり、すでに一七世紀には、スコットランドやアイルランド、さらにはアメリカ大陸のイングランド開拓地に深刻な影響をおよぼしていた。しかしフランス革命が勃発するまで、他の場所では「イングランド病」としてしか知られなかった。確かに大陸ヨーロッパでは様々な精神疾患が知られていたが、機能性精神疾患には馴染みが薄かった。そのため、それ以外の精神疾患の病状を表現する言葉は自分たちの言語に数多く存在したものの、狂気と関連付けられる言葉は見当たらなかった。やがてフランスにナショナリズムが持ち込まれると、アイデンティティに関わる新しい病状も直ちに上陸し、一七八〇年代末には、フランスの医師がはじめてこの病状の存在を認めた。それまでフランスでは、同じような病状に遭遇したことはなかったのである。ところが遭遇すると、実のところこれはフランスにも常に存在していたと思い込み、僅か数年前までは海峡の対岸の隣国に特有の問題だと考えていたことなど忘れてしまった。すなわち、観察している現象が変化したのではなく、精神疾患に対する取り組みが変化したのだと考えた。自分たちは以前よりもずっと啓発されたからだと確信したのだ（フランスの精神医学専門の歴史家は未だにそう信じており、おかげでフランスではいきなり精神医学という職業が登場したのだと考えた。精神医学は当時のフランスで生まれたものだと、フランスの多くの学者は確信しているが、この説明はあやしい）。自分たちが対処しているのは**フォリー**（folie）という古くからの問題であり、一般的な形態の精神遅滞だという思い込みは、フランスに限らず他のいかなる場所でも顕著に見られた。そのため問題の本質がぼやけてしまい、機能性精神疾患についての理解は混乱した。実際のところこれは、心神耗弱が関わる病気以外の何物でもない。

ロシアには、フランスとほぼ同時期に狂気が上陸したが、一世紀ちかくが経過してようやく、ロシア各地に広がり始めた。フランスではすでに一九世紀はじめ、ネーション意識が（普遍的ではないもの）広く普及していたが、対照的にロシアでは、ネーション意識はごく少数のエリート集団に限られていたからだ。一八六〇年代に農奴が解放され、複数の階級の混成体である庶民（*raznochinzy*）という大きな階級が創造され、知識階層の特徴に変化が引き起こされたことをきっかけに、ネーション意識は全土に広がっていった。概して、機能性精神疾患はナショナリズムと共に広がる。具体的には、幅広い部門の人民が平等や自由という価値観に触れ、社会的流動性が可能になると、機能性精神疾患は広がっていく。要するに、多くの人民がネーション意識に目覚め、自己定義の選択肢をネーションからたくさん提供されるほど、統合失調症や情動障害に苦しむ人の割合は増えていくのだ。したがって、最も包括的かつ平等で開かれた社会——自由民主主義社会——は、機能性精神疾患の割合が最も高い。一九七〇年代まではイギリスの患者数が最も多かった。大英帝国が衰退すると（そしてイギリス人民に提供される選択肢の数が減少すると）、精神疾患の割合の上昇は終わった。今日、最も割合が高いのは世界最大の自由民主主義社会のアメリカ合衆国で、実際にその割合は非常に高い。最新の疫学調査の結果は、過去数十年間に確立された傾向の正しさを裏付けている。それによれば、アメリカ人では成人の機能性精神疾患の有病率はいまや二〇パーセントだという。アメリカでは、たとえば性的指向やアイデンティティの領域などで、自己定義を選択する可能性が着実に増え続け、特にこの二〇年間は著しく拡大した。そしてそれに伴い、精神疾患の有病率は増え続けている。

近代政治の二重らせん

精神疾患が及ぼす政治への影響

精神疾患が政治にもたらす影響は、いくら誇張しても十分ではない。精神疾患が慢性的に繰り返し発生すれば、人間の能力は深刻な影響を受ける。そんな恐ろしい疾患の有病率がアメリカ人では成人のあいだで二〇パーセントに達するということは、連邦議会議員、将官、弁護士、医師、兵士、教師などの五人にひとりが、控えめに言ってもどこかの時点で精神を病み、それぞれの職業で与えられた義務を遂行する際、判断が鈍る可能性が考えられる。しかも、有病率に関してアメリカは「首位」にランクされるが、西洋の他のネーションもここまで劇的ではないにせよ、大きく後れを取っているわけではない。ただし、ナショナリズムが心におよぼす影響が政治の領域で最も深刻に感じられる原因は、深刻な臨床的精神疾患そのものではない。

外部の媒介物によって引き起こされるいかなる病気――ペスト、結核、一般的なインフルエンザ――も、集団全体に一様に影響をおよぼすわけではない。病気にかかる者もいれば、かからない者もいる。そして病気にかかったとしても、症状が深刻で致命的な結果がもたらされる場合もあれば、症状が軽く、無事に治癒して患者が生き残る場合もある。この違いは、媒介物と環境とのあいだで働く相互作用や、媒介物が活動する状況によって左右される。さらには、患者の体質、治療法の有無なども関わってくる。同じことは機能性精神疾患にも当てはまる。近代社会では、媒介物となるネーション意識が常に存在している。そのためアノミーが蔓延し、個人としてのアイデンティティの形成は本人の責任となり、それが厄介な問題を引き起こしかねない。こうして個人のアイデンティティが社会全般の問題となり、アイデンティティの形成に特有の問題が伴うと、それをきっかけに様々な程度で（臨床的または準臨床的、恒久的または一時的に）精神が損なわれ、錯乱し、機能不全に陥る結果、統合失調症や躁うつ病として認められる症状が表れる。これらの病気には、社会的不適応（自分の置かれた環境への慢性的な不満）、自己に対する慢性的な不満（安心感の欠如［dis-ease］）、自己嫌悪と誇大妄想のあいだで揺れ動く自意識、メガロマニア（誇大妄想）などの症状が共通している。（単極性鬱病の場合には）、メガロマニアは自己嫌悪にとどまるのが最も一般的だが、（急性精神病で統合失調症が本格化するなど）稀に症状が悪化する場合には、完全な自己喪失という恐ろしい状態に陥る。このような精神疾患は少数の事例で臨床レベルまで到達する（ただしアメリカのように、少数の事例が非常に大きな集団のときもある）。ところが、現代のネーション社会で蔓延するアノミーからは、非常に多くの人たちが影響を受ける。たとえば統計によれば、今日のアメリカでは五〇パーセントちかくの人たちが精神障害を時折経験している。非常に多くの人たちが社会に適応できず、自己に強い不満を抱いているのだ。イギリス人が最初に認識したように、実存経験のなかで不安や安心感の欠如、そして「不満」を抱く。この不満が政治活動の大きな推進力になっていることを考えれば、ナショナリズムは近代の政治を**二重らせん**構造で明確に定義していると言ってもよい。第1章で説明したように、一本のらせんは世俗主義、平等主義、普及的主権といった原則を通じて直接的に、そしてもう一本のらせんは、蔓延する不満を通じて間接的に定義している。

不満が生む政治・イデオロギー運動

ネーション意識を持つ人たちのあいだに不安が広がる以前から、あるいは広がるか否かにかかわらず、ナショナリズムは本質的に私たちの社会的・政治的経験を激変させる。世俗主義、平等主義、普及的主権という原則は、人びとを活動家にさせる。これは「人生は一度しかない。少なくとも社会的現実は、自ら作り上げなければならない。人間は誰もが平等なのだから、たった一度の人生が十分に満たされずに終わることなど正当化できない。残念な結果はすべて本人の責任だが、その一方で誰もが、このような期待外れの現実を変化させる権利を持っている」と直接または間接に認識することから導き出される当然の論理的結末だ。そうなると、社会改革という信条のもとでネーションの人民を動員しやすくなり、市民社会が出現する。その一方、精神的な安心感の欠如が人民を結集させる原因となり、ネーションの政治活動の性質に大きな影響を与えるケースは非常に多い。近代特有の個人のアイデンティティにまつわる問題が発生し、それをきっかけに精神的な不満が増幅されると、個人のレベルではイデオロギー運動、集団のレベルではイデオロギー政治に向かって人びとは突き進む。どちらも事実上、妄想に突き動かされている。

個人のイデオロギー運動の一例が、「一匹狼《ローン・ウルフ》」的なイスラム教テロリズムだ。西側世界で生まれたか、教育を受けた若者——無宗教で、ほとんどはイスラム教、あるいはキリスト教の背景を持つこともめずらしくない——が、（概して、イスラム教の伝統について大した知識を持たないまま）イスラム教に帰依し、西洋を象徴する標的に対して暴力をふるう。逮捕して事後調査を行ったケースの圧倒的多数では、テロリストになった若者は社会に適応できず不幸な状態で、心の混乱を自覚していることが明らかにされている。要するにはみ出し者であり、自分がいかに孤独で不幸せか、インターネット上でたびたび不満を訴えている。彼らは明らかに近代に特有の不安を抱え、そのために精神が多少かき乱されている。それがどうして、過激できわめて暴力的なイスラム教のもとに集まるのだろう。その理由は、かつて存在が危機的状況に置かれた若者がマルクス主義のもとに結集した理由とまさに同じだ。ソ連崩壊後、それも特に二〇〇一年九月一一日のアメリカを標的にしたテロのあとでは、マルクス主義に代わって過激なイスラム教が、不安を正当化するために最も便利な手段になったのだ。過激なイスラム教は、アラブやペルシャの（世俗的な）ナショナリズムのイデオロギーとしても役に立つため、当然ながら最初は、イスラム教の背景を持つ悩める者たちに強く訴える。しかし同時に、精神が多少かき乱され、実存的な不安を抱えるすべての人たちのニーズにも応えてくれる。

イデオロギー政治が、ナショナリズムがもたらした特有の政治形態であることはすでに論じた。信条への献身（狂信的ではなくても情熱的な）が動機になっている意味で、イデオロギー政治には理性がない。信条の圧倒的多数は、参加者の個人的経験――したがって客観的関心――とのあいだにほんの僅かの関連性もない。むしろ、参加者が自分自身や社会的環境について経験する不快感を正当化し、説明する能力を大きな特徴としている。このようなイデオロギー政治の中核には、統合失調症的な妄想の痕跡が深く刻まれたビジョンが常に存在する。この妄想にとらわれると、人間の社会的現実に備わっている象徴的性質を理解できず、象徴とその指示対象を混同するため、象徴そのものが客観的現実になってしまう。政治行為の近代的形態である革命はすべて、これに該当する。歴史のあちこちで観察される自然発生的な反乱や暴動とは対照的だ。反乱や暴動の参加者の大多数は低い階級の出身者であるのに対し、革命の支持者のほとんどは特権階級に所属する。特権階級のなかでも教養があり、精神疾患の影響を受けている階層である。参加者の大多数、特に指導部は、特定の実際的な関心事に突き動かされるわけではない。定義の曖昧な何らかの理想に基づいて、社会を激変させたいと願う。変化を実現させるためには、理想と交換すべき対象を破壊しなければならない。そのため理想は曖昧でも、破壊的・暴力的な衝動に促されて対象がはっきりと特定される。そして象徴とその指示対象物が混同されるため、現実の人間が自分たちの行動のせいではなく、象徴するものを理由に殺されることになる。

革命運動の中核を成す理想や運動の標的とされる敵は、実際に統合失調症にかかって心が混乱している人物によって生み出され、特定される可能性が非常に高い。しかし、この理想を受け入れてメッセージを実行に移す人たちの圧倒的多数、つまり革命を支持して参加する人たちは必然的に、軽度の精神疾患を抱える人たちのなかから集めなければならない。すなわち、ネーション意識が引き起こす社会的混乱が原因で不安を抱くようになった人たちで、今日ではスペクトラム障害に分類される。革命の指導者は事実上、軽度の病気の治療として統合失調症的な妄想を利用する（軽度の病気でも、本人にとってはきわめて煩わしい）。軽度の個人的な病気に一般的な原因があることを装って注目を集めれば、自分からも他人からも深刻な精神疾患を抱えている事実を隠すことができるのだ。統合失調症的な妄想が一般的な原因として認識されれば、自らの深刻な精神疾患は覆い隠される。預言者や天才などを装うことも（自ら名乗ることも）可能で、環境さえ整っていれば、革命の指導者の地位にまで上りつめることもできる。ドイツの国民社会主義による革命でヒトラーが影響力をふるった理由は、このような形で説明することもできる。統合失調症患者は、周囲の文化にきわめて敏感に順応する。しかも、統合失調症の妄想に取りつかれた人の言葉は突飛な印象を与えず示唆に富み、主張には説得力があってわかりやすい。西洋（イスラム教も含めて一神教が根付いた社会）でこの二〇〇年間に発生した暴力的なイデオロギー政治のふたつのテーマの重要性も、これによって説明できる。邪悪な金持ち（資本主義）vs．善良な貧乏人。そしてユダヤ人（今日ではイスラエル人）vs．世界、というふたつの構図だ。

ナショナリズムのタイプによって異なる政治運動

ナショナリズムのタイプが異なれば、社会／政治運動を通じて行われる自己治療のタイプも異なってくる。個人主義的ナショナリズムは当然ながら単独行動を促すので、自由民主主義社会では一匹狼的なテロリズムが特に広く普及する。その一方で個人主義的ナショナリズムは、集団による暴力行為を奨励しない。個人主義的なネーションも、イデオロギーや妄想に触発される集団活動を経験しないわけではないが、その場合には暴力を伴わないのが普通で（活動家は、他人が暴力をふるうのを認めるかもしれないが）、他にも多くの特徴によって、集団的ネーションで起こり得る行動とは一線を画している。たとえ集団活動に参加しているときでも、個人主義的ネーションの成員は強い個性を失わず、集団には交わらず孤立主義を貫く。決して溶け込もうとはしない。ネーション意識を通じて普及した個人主義の影響で、自分は個人として行動しているという確信がある。そして現代特有の不安に襲われると、自分を不快にさせた社会に個人的に敵対し、所属する社会やネーションに対して牙をむく。そのため、アメリカの政治運動は反米的になるケースが非常に多い。いかなる具体的事例においても、活動家のイデオロギーの中核に存在する具体的な問題とは無関係である。

対照的に集団的ナショナリズムは、集団での暴力的な活動を奨励する。そのため大きな革命はすべて――フランス革命、ロシア革命、ドイツの国民社会主義者による革命――集団的ネーションで発生している。しかも、集団的・民族的傾向が顕著なナショナリズムの枠組みでは、妄想的な活動がナショナリズム特有のゼノフォビア（外国人嫌い）政治の形で一般に認識されるケースが多く、「他者」に対する敵意がむき出しになる。ネーションの劣等感は、民族ナショナリズムに共通の特徴である。この劣等感は、アノミーが心理や精神に引き起こす混乱状態を癒すための治療法として、外国人を標的にした妄想的・暴力的な集団活動を奨励する。あるいはすでに論じたように、ネーションの劣等感が精神疾患の原因になることもある。そうなると個人のアイデンティティに関わる問題にネーションのアイデンティティへの不満が加わり、集団を相手に個人的な不満を解消したくなる。ＩＳＩＳ、アルカイダ、ヒズボラ、ハマス、ボコハラムなど、イスラム過激派組織の旗を掲げるテロ組織の場合は特に、これが活動の根拠になっている可能性が非常に高い。

イスラムのナショナリズム

冷戦は、自由民主主義と社会主義／共産主義というふたつの普遍的なイデオロギーの選択を巡る必然的な対立と認識されているが、実際には、ふたつの超大国のナショナリズムが威信をかけて繰り広げた競争である（たまたま超大国のひとつは個人主義的市民ナショナリズム、もう一方は集団的民族ナショナリズムを採用したため、根本的に対立したふたつの世界観が象徴された）。それと同様、紛れもなく近代（かつての用語では「第一世界」）に属し、技術が高度に発達して産業化が十分に進み、概して繁栄を謳歌している社会と、内密に、あるいは表立ってイスラム国家からたびたび支援を受ける組織とのあいだでは、従来と異なる形で本格的な戦争が繰り広げられているようだが、実はこれもネーション同士の世俗的な対立である。自分はネーションの民族共同体の一員だと自覚する一方、所属する共同体の劣等的な立場に負い目を感じる人は（なぜなら、自分たちは技術が未発達で経済が後れを取っているため、追いつきたい目標であるネーションと比べて大きく立ち遅れている）、発展を遂げて繁栄を謳歌する近代社会の存在そのものに深く自尊心を傷つけられる。この対立でもまた、焦点となるのは尊厳であり、心理的な支えになっている。民族ナショナリズムは、尊厳を備えているように見える社会にルサンチマンや実存的羨望を抱く。基本的に、対立は世俗的である。実際のところイスラムを謳うテロ組織も、共同体での地位や人間関係に伴う俗世でのヒエラルキーに専ら関心を抱く。しかし国際社会で世俗的な形での尊敬を集めるためには、宗教――とりわけ宗教の歴史――がその手段として大いに役立つ（イスラムは偉大な宗教であり、信者の目から見れば定義上、道徳的に他の宗教よりも優れている。キリスト教の暗黒時代に誕生したイスラムのネーションは、一神教の世界で数世紀にわたって政治大国であり続け、征服を通じて様々な地域、なかでもインドのかなりの部分を吸収した。そしてついには一神教――すなわち西洋――文明を導く文化の先駆者になったのである）。イスラムの尊厳資本は非常に高い。この尊厳は、かつては強力で尊敬を一身に集め、しかも確実に尊敬に値した共同体の一員である事実が根拠になっている。そのためイスラム過激派組織に参加する人たちの大多数は、自分たちのアイデンティティが神との関係に由来するとは考えない。しかも、自分たちの共同体が過去の力や尊敬を失った現実に屈辱感を抱き、尊厳が踏みにじられたと感じる。このような種類のアイデンティティや不満は世俗的であり、宗教とは関係ない。ただし、だからと言って宗教宣言が単なるレトリックというわけではないし、神のなせる業の実践という主張に誠実さが欠けるわけでもない。さらには、良い行いは永遠の命という形で報われることを本気で信じていないわけでもない。おそらく大多数は、これらのすべてを本当に信じている（信じない一握りの人たちは、ネーションの栄光のために何もかも犠牲にすることを厭わないマキャベリ的な天才か、自分は罰せられずに殺人願望を満たすため、他人の信仰を利用するサディストか、どちらかだろう）。しかしいずれにせよ、彼らの宗教的信仰心そのものは世俗化されている。宗教は現実化され、世俗的なアイデアや願望を実現するための手段になった。もはや人びとを啓発し、教え導くわけではない。要するに、イスラム過激派について理解するためには、その背後にあるネーション意識に目を向けなければならない。

これらの過激なイスラム組織が象徴する民族的ネーションは、西洋列強同士の対立を通じて創造され、地元の特権階級に属する従順な一族のあいだで分配された間に合わせの政治組織とは明らかに異なる。こちらの組織に該当するのはイラク、ヨルダン、シリアなどで、今日では国連にも加盟している。対照的に、過激なイスラム組織は（ほとんどが）アラブやペルシャを起源とする仮想のネーションであり、ネーション意識のレンズを通して見ると、すでに遠い過去に誕生しており、最初から典型的な特徴や傾向が際立っていた（状況によっては、表現が抑えられるときもあった）。これらの特徴や傾向は集合的かつ民族的なので——つまり集団的個人の特徴を備えているので——ネーションの成員である個人は、個人の意思に左右されない自然な存在であり、言語や宗教など明らかに文化的な分野においてもそれは変わらない。癌細胞が遺伝子コードの表現を抑えるのと同じように、個々の成員は個人としての表現を抑えるが、そのためには、集合的な有機体から個人的な表現の部分が削り取られなければならない。そして栄光の歴史を通じてアラブやペルシャのネーションの尊厳に最大の貢献をしているイスラムは、ネーションの顕著な民族的特徴として解釈される。アラブやペルシャの献身的なナショナリストが多方面で戦争を仕かける理由も、これによって説明できる。アメリカ、イギリス、フランス、イスラエルなど西洋の先進国社会と戦争をするナショナリストにとっては、相手の存在そのものが容認できず、屈辱を感じる。同時にもっと広い範囲で、キリスト教徒やユダヤ人を敵に回す。そしてイスラムと反対の解釈をする人たち、さらには自分たちのアジェンダを共有しないイスラム社会の政府、怠慢なイスラム教徒の全員を、反逆者とみなして攻撃する。

矛盾するようだが一般に、重度の（臨床的）精神疾患者の割合は、イデオロギーに基づく集団行動に関わる可能性と反比例している。必然的に、個人主義的なネーションで最も高く、民族的ネーションよりも集団主義的市民ネーションのほうが高くなるはずだ。そうなると、実際にあらゆるナショナリズムのなかで最も攻撃的で外国人嫌悪が顕著なナショナリズム、すなわち世界最悪のナショナリズムは、個々の成員の精神衛生にとって最善の環境ということになる。

一神教の文明の外では、ナショナリズムが実存的経験におよぼす影響は異なる。機能性精神疾患に関するかぎり、東アジアの社会は疫学者にとって「執拗な悩みの種」になっている。発展レベルが同程度の西洋社会と比べて、有病率がきわめて低いのだ。しかも病気の徴候も経過も結果も、西洋とは異なる。おそらくこれは、一神教の伝統とそれ以外の伝統では、論理の位置づけが大きく異なることに関連している可能性が最も高い。科学など特殊な分野を除けば、東洋の文化は西洋の文化ほど矛盾に対して敏感に反応せず、アノミーに影響される可能性がずっと低い。ナショナリズムは、主にアノミーを通じて心に影響をおよぼし、間接的に多くの方法で政治にも影響をおよぼす。そうなると、東アジアには西洋の文明のような**二重らせん**の機能が欠如しており、政治への影響は直接的なものに限定される可能性が大いにあり得る。

第6章

結論——ナショナリズムのグローバリゼーション

冷戦後のグローバリゼーション

本書『ナショナリズム入門』の終わりに当たって、一九八九年から今日までのおよそ四半世紀に発生した出来事と、ナショナリズムとの関わりを考察しておきたい。

政治学者の視点からは、この時期は控えめに言っても混乱していた。私たちは四五年間にわたり、冷戦を通じて政治を理解してきたが、その冷戦は、表向きはいわゆる西側の勝利で幕を閉じた。ソ連は崩壊し、二極化した世界は消滅する。世界の政治はもはや、自由民主主義と共産主義的全体主義、すなわち善と悪のふたつの社会勢力間のイデオロギーを巡る対立では定義できなくなった。歴史そのものが終わりを迎えたと言われ、歴史の経過についての従来の理解は、まったく役に立たなくなってしまった。ソビエトロジー（ソビエト連邦の政策研究）というきわめて重要な国際的学問分野はもはや存在しなくなり、ソ連問題研究者の多くは肩書を変更するか、少なくとも研究テーマの見直しを迫られた。共産主義はすべて自由民主主義に姿を変え、東側陣営は西側陣営になったことを不吉な前兆としてとらえ、ソ連問題研究家のかなりの割合が、体制移行研究（Transition Studies）という新しい分野に移った。この研究においては、東欧や旧ソ連邦で進行する民主化のプロセスが中心的なテーマだったが、他の地域も研究対象に含まれた。いまや民主化は、あらゆる場所で予想されたからだ。その間、資本主義の誕生は勝利のしるしとみなされ（いやむしろ、実行可能な唯一の選択肢とみなされた。これが僅か二五年前の出来事とは想像し難い！）、その結果、政治経済学ではグローバリゼーションの理論と研究が、経済制度によって大きく後押しされる。民主化とグローバリゼーションというふたつのプロセスからは最終的に良い結果が導き出されると誰もが決めてかかったが、それを達成するために選ばれた手段の圧倒的多数は、ナショナリズムを後ろ盾とする暴力的な紛争だった。実際、共産主義の崩壊後にヨーロッパや中央アジアでは、第二次世界大戦が終わってから影を潜めていた激しい民族ナショナリズムが復活し、政治評論家たちは共産主義の崩壊の次に大きな衝撃を受けた。それまで社会科学では、ナショナリズムは主に歴史的関心の対象として無視されるのが一般的だったが、いまや政治学でも政治社会学でも専門分野として注目を集めるようになった。

概して西欧での展開は、ナショナリズム——そしてネーションの紛争——が大きな政治勢力として復活したという主張よりも、グローバリゼーション理論と一致しているようだった。旧ソ連から新たに独立した共和国は、ソ連による支配が取り除かれるのを待っていたかのように、ナショナリズムの情熱に大きく揺さぶられた。チェコスロバキアやユーゴスラビアなど、長いあいだ多民族国家の形で存在してきた組織は、一部は平和裏に、一部は暴力的手段によって分裂し、民族ネーションという単一体に生まれ変わった。これに対し、フランス、ドイツ、イタリア、デンマーク、アイルランド、イギリス、ギリシャ、ポルトガル、スペイン、ベネルクス三国は欧州連合を結成する。欧州連合は自由民主主義の原則を掲げ、参加国の国民に国境を超えた市民権を提供し、一〇年も経たないうちに共通の通貨を発行した。加盟国は増え続け、最終的に域内の人口は五億人を超えた。EUへの加盟を希望する国は、正真正銘の自由民主主義国であることを証明しなければならず、ネーションとしての伝統が他の加盟国と異なる場合には、従来の習慣の修正が求められた。これは東欧の民族ナショナリズムを手なずける効果があったが、様変わりさせることはなかった。一方西欧では、ナショナリズムに触発された分離独立運動がスペインのバスク地方やカタルーニャ州、ベルギーのフランドル、イギリスのスコットランドで発生している。

イスラム・ロシア・中国

今日の混乱を引き起こしている原因としては、他にもいくつかの国際的な展開が考えられる。二〇〇一年九月一一日にアメリカ本土を標的にしたすさまじいテロ攻撃は、宗教的な動機に促されたものだと数時間以内に判断された。この事件をきっかけに冷戦もソ連も私たちの集合的記憶からほぼかき消され、民主化やグローバリゼーションに関する楽観的な予測は一時的に薄らぎ、これらの実現を執拗に阻むナショナリズムへの注目も弱くなった。世界は突然、原理を巡る新たな紛争をきっかけに、新しい歴史的分裂や断絶に基づいて構築され直された。それはモダニティと、それに抵抗するイスラムとの戦いだ。民主化とグローバリゼーションはモダニティを支える要素で、「過激な」「原理主義的な」イスラムはそれに対抗する要素だと仮定された。二〇〇一年九月以来、国際政治と歴史は、民主化、グローバリゼーション、ナショナリズムに加えて、過激なイスラム組織とモダニティの対立、すなわち西洋では「対テロ戦争」と呼ばれる対立によって枠組みを提供されるようになった。自由民主主義の旗手とみなされる西欧や北米の諸国には、北アフリカやアラブなどのムスリム社会から大勢の移民が押し寄せ、イスラム組織が関わる国際紛争は西側諸国の国内政治で重要な問題となっている。政府も人民も、人道的な対応と安全への配慮の折り合いに努力している。

一方、ロシアは古くからの独裁的な方式に立ち返った。「権力機構」に劣らず人民も、帝国への回帰と政府による実験を望んでいる。政府はモルドバに介入し、グルジアを解体し、ウクライナを従属させるためにまずは冬季にガスの供給を中止して、次にクリミアを併合するなど策を弄した。共産主義消滅後に誕生したロシア社会は少なくとも、ナショナリズムを支持する姿勢を隠そうとせず、将来グローバリゼーションや民主化に参加するつもりもない。だからと言って、ロシア人が民主主義を嫌っているわけではない。民主主義に付随する平等や尊厳には好感を持っている。ロシア人にとって問題なのは自由だ。結局のところ共産主義も、定義上は民主主義だった。ただし自由民主主義ではなく、社会民主主義である。そもそも自由は西洋でも目覚ましい成果を上げているとは言えない。少なくともアメリカでは、冷戦で常にライバルだった相手が消えてしまうと、奇妙にも国民のあいだで自信や一体感が失われ、何が自分たちを際立たせているのか思い出せなくなったようだ。いまやアメリカのリベラルは老いも若きも、自由を犠牲にして平等を手に入れようとしている。そのため、この偉大な共和国が忠誠を公言し続ける民主主義は、ソビエト型とは明言されないものの、ソビエト型、すなわち社会（社会主義的）民主主義として解釈される機会が増えている。結局のところ、西の世界と東の世界（ヨーロッパ／旧ソ連邦）は出会いを果たし、社会科学者が一九六〇年代に予言したように収斂に向かっている。しかし東側は従来の立場を変えるつもりがなく、それに当惑した西側のほうが近づいている。四半世紀前の私たちの勝利は、割に合わない勝利だったのだ。

かりに割の合わない勝利ではなかったとしても、意義のない勝利ではあった。この四半世紀で、私たちは中国を発見しないわけにはいかなかった。かつて中国に関する見解は純粋に学問的だった。ところが最近の僅か数年間で、私たちの目の前でいきなり何の前触れもなく、得体のしれない巨大な姿に成長した。まるで起伏のある平野の地面から、巨大な山脈が突然隆起したような印象を受ける。私たちの政治地理学がこれだけの構造上の変化に見舞われると、理解の手助けとなる概念地図をすべて描き換えなければならない。いまや方向性を失ったアメリカと比べ、中国の人口は四倍に達する。五億の人口の重みで不安定な欧州連合のほぼ三倍、人口が減少しつつあるロシアの一〇倍である。そしてこの巨大な岩のような国は、大きな規模に見合った役割を世界の舞台で果たす決意を固め、私たちの政治に入り込んできた。この新たな存在を認めるためには、その前提として、西側と東側のどちらの世界も定義を見直さなければならない。

ネーション間の対立

地域の分裂と統合の同時進行という冷戦後の矛盾する傾向と、冷戦とを結びつける共通点は何だろう。冷戦後には、ネーションの主権を巡る争いが繰り広げられる一方、ネーションの枠に収まらない組織にネーションの主権が積極的に移譲された。共産主義時代の東欧は、政治的には社会民主主義、経済的には社会主義の形をとっていたが、そこから移行して今日では、政治は自由民主主義、経済は資本主義になった。一方、伝統的に自由民主主義と資本主義を標榜してきた社会も、従来と反対の方向に移行している。分離や統合が進み、排他主義的なアイデンティティやグローバリゼーションを強調する傾向が目立つ。市民生活では信仰が軽んじられ、好戦的な宗教が一大政治勢力として台頭した。そして政治の世界では、現実を様変わりさせるほど衝撃的な展開が進行している。その原因は東南アジア、特に中国の台頭ではないだろうか。これらの展開は一見するとバラバラだが、実は根底にナショナリズムが存在している。実はすべての展開は、**ネーション意識のグローバリゼーション**の結果なのだ。

要するに、現代の世界を動かす大きな政治勢力は、現実の明確なイメージが反映された考え方や感じ方や行動様式である。このイメージは世俗的である。というのも、私たちの生きた体験から成り立つ世界に焦点を絞り、抽象的な領域をほぼまったく顧みない。そして社会的な面では、世界は主権を有する複数の共同体に必然的に分割され、どの共同体も基本的に平等な成員で構成されることを大事な前提としている。基本的に平等で主権を有する共同体を思い描くのは、共同体を**民主主義社会**として想像することと同じだ。そして定義上、ネーションの世界は民主主義の世界と等しい。ネーションが個人主義的・市民的、集団的・市民的、集団的・民族的のどのタイプに該当するかは関係ない。ただしナショナリズムのタイプが異なれば、その結果として、誕生する民主主義の種類も異なる。必然的に個人主義的・市民的ナショナリズムからは常に、そして集団的ナショナリズムからもたびたび、自由民主主義が生み出される。一方、集団的民族ナショナリズムからは必然的に、独裁的民主主義が生み出される（大衆民主主義とか社会民主主義と呼ばれる）。したがって、伝統的な自由主義も社会主義／共産主義も、どちらも種類の異なるナショナリズムの所産であり自己表現なのだ。つまり、第二次世界大戦と同様に冷戦も、ネーション同士の対立だったのである。冷戦のあいだも冷戦後も、政治を支える論理（ならびに原動力）は変わらない。

ネーション同士の対立、あるいはネーション内部での対立の主な理由は、プライドが傷つけられ、**尊厳**が脅かされることである。主権を有する平等な共同体の成員という立場に由来するナショナル・アイデンティティは、尊厳が付与されるアイデンティティなのだ。そこが他のほとんどのアイデンテイティ――社会的地位に影響されない包括的な他のすべてのアイデンティティ――とは異なる点であり、（ナショナリズムの拡散を促す）大きな魅力でもあり、結果としてネーションの精神構造は強い競争心に支えられた。ネーションは絶えず名声を追い求め、他のネーションよりも優位に立てる徴候を探し求める。あるいは少なくとも、自分たちよりも優位だと認識されるネーションと平等の立場になりたいと願う。その範囲は広く、軍事力、経済力、知的・文化的成果、スポーツ、製品の品質、女性の美しさ、そしてかならず道徳的地位が含まれる。成員の個人的アイデンティティには、ナショナル・アイデンティティ――現代のパーソナル・アイデンティティの中心的要素――の起源である共同体の名声が反映される。そのため、成員はネーションの尊厳を過剰なまでに守ろうと努める。この傾向が集団的民族ネーションで特に顕著なのは、個人のアイデンティティの尊厳には、ネーションの尊厳が直接的に作用し反映されているからだ。そのため民族的傾向のナショナリストは、自分たちのネーションが侮辱されると個人的な劣等意識を経験し、精神的充足が大きく損なわれる。自分たちよりも優位だと認識されるネーションが存在するだけで、ネーションの一員としてのプライドが傷つけられ、ネーションのプライドが脅かされたと感じる可能性が高い。ネーション同士の対立、あるいは民族的傾向の強いネーションが関与する対立の大きな争点は、ネーションの成員として誰もが平等に尊敬を受けることであり、ネーションの尊厳が無条件に認められることである。

ネーションの名声と個人の尊厳が複雑に絡み合う集団的市民ネーションにおいて、そしてネーションの尊厳には成員である個人の成果が反映されると考える個人主義的ネーションにおいては特に、ネーションの名声の変動が個人の自尊心に直接影響をおよぼすわけではないが、個人の尊厳へのこだわりは非常に強い。そのため個人主義的ネーションは、内部で競争本能が残酷なまでに駆り立てられ、機能性精神疾患の有病率が高く、権力闘争が盛んになる。自由民主主義制度では個人の自由が保護されるため、個人は抜きんでた成果を達成し、ネーションの尊厳に貢献できる。これに対し、自由民主主義制度のなかの反対勢力は概して、集団としての平等の拡大を主張して、法の前では（機会平等の前には）個人の平等よりも集団の平等のほうが優先され、個人の権利は犠牲にされるべきだと主張する。なぜなら個人主義的ネーションにおいて個人のアイデンティティに備わっている尊厳は、主権を有する（すなわち自治が確立して自由な）共同体の成員としての資格に由来するからだ。成員の立場は平等であり、主権や自由を等しく共有する。だからこそ個人主義的ネーションでは、秀でる権利が誰にでも与えられることが暗示されるのだが、その点は顧みられない。個人主義的ネーションのなかの反対勢力の目標は、平等な立場に暗黙のうちに備わっている尊厳が、個人の権利を行使しなくても保証されることだ。そうすれば競争を回避できるし、失敗して個人的に責任をとる必要がなくなる。

ネーションを超えるアイデンティティ

ネーションの枠を超えた組織はネーションを超越したアイデンティティを確立し、構成員の忠誠を取り付けることを目指すが、その成功は、ネーションを超越したアイデンティティに対し、ナショナル・アイデンティティよりも大きな尊厳が約束通り付与されるかどうかに左右される。要するに、ネーションを超越したアイデンティティと、ナショナル・アイデンティティを尊厳に関して比較した場合、ネーションを超越したアイデンティティのほうに多くの価値が備わらなければならない。組織が他にどんな恩恵をメンバーに提供するにせよ、先ずは**尊厳資本**を高くする必要がある。このような計算が働いていることは明らかではなく、しかも矛盾しているような印象も受ける。しかし、こうした計算が確実に働いた結果、過去四半世紀のあいだに欧州大陸では東西の区別なく、分裂や統合、緊張や対立が政治の舞台の特徴になったのだ。欧州連合――ヨーロッパの五億の人民が加入資格を提供されたクラブ――は一定の物質的恩恵を約束するが、排他的ではない。そのため**尊厳資本**は低い。共産党が崩壊して直ちにヨーロッパの正式なメンバーとして認められた結果、東欧諸国の知識層の士気は高まったかもしれない（認められるチャンスを否定された経験は、未だにトルコではいわれのない侮辱だったと思われている）。しかし、ヨーロッパ人としてのアイデンティティは、フランス人やイタリア人のナショナル・アイデンティティに何を追加しただろう。彼らがヨーロッパ人ではないとしたら、誰がヨーロッパ人なのか。そもそも彼ら以外の誰が、ヨーロッパ人としてのアイデンティティに尊厳を付与するのだろうか。海峡の向こう側では、このような組織は自分たちにとって価値がないものだと判断し、専門家からは理不尽だと警告されたものの、イギリス人民は国民投票でブレグジットに賛成票を投じたのである。

好戦的なイスラム、あるいはもっと一般的な政治的イスラムが台頭した背後にも、まさに同じ――**本質的に世俗的な**――計算が働いている。これもまたナショナリズムのグローバリゼーションのひとつの側面だが、この場合にはグローバリゼーションが宗教の領域に拡大している。これまであらゆる民族ナショナリズムが、ネーションやナショナリストの行動計画を実行に移すための重要なツールとして、宗教を利用してきた。それはイスラム世界に限定されない。帝政ロシアでは「正教会的信仰、独裁政治、ナショナリティ」がナショナリズムの正式なモットーだったことを思い出してみればよい。人民と支配層を合体する文化的伝統として重要な要素である宗教では、当然ながら民族的な特徴が強調される。そのため政治利用される機会が非常に多く、ステートがイデオロギーを展開するための手段として一般に好まれる。その意味でソ連は、七〇年間におよぶ休息を民族ナショナリズムに提供した。この間、イデオロギー的役割はマルクス主義が引き受け、宗教は休眠状態だった。宗教の魅力が色あせない人民のあいだでは実践されたが、ステートのエリートや反体制派の活動家のあいだでは、宗教は概して論理が薄弱で、主に不適切だとみなされた。ロシアの支配に抵抗したポーランドやリトアニア、イギリスの他の地域と戦った（目的はネーションとして肯定されることだったが）北アイルランドなどのネーションで、カトリックが世俗的な政治勢力として存続した程度だ。当時「第三世界」と呼ばれ、第一世界の存在によって尊厳を損なわれた国では、宗教とは無関係の唯物史観のレトリックが完璧に役に立った。実際、ジハードの指導者たちのかなり多くは、最初はプロレタリアート闘争の急先鋒としての教育を受けている。ところがソ連が分別なくアフガニスタンに侵攻すると、プロレタリアートとしての同胞愛にひびが入る。そのうえソ連が崩壊すると、イスラム教徒のあいだではマルクス主義の魅力が失われた。ただし、イスラム国家の元首の一部は、二一世紀に入っても強硬な社会主義者としての立場にこだわり続けた。このように冷戦はすんなりと、現在の対立へと姿を変えた。味方と敵が若干入れ替わったが、基本的な動機はほとんど変化していない。

三つの文明

一見すると異種混交状態の背後では、いま説明したような形で国際的な政治プロセスが継続している。それにはいくつかの要因が考えられるが、なかでも特に、ほとんど論評されない事実の影響は大きい。すなわち、これらのプロセスは私たちの文明というひとつの枠のなかに収められており、この文明は通常は西洋文明とかユダヤ＝キリスト教文明と名付けられるが、実はこの呼び方は間違っている。私たちの文明は一神教の伝統に組み込まれており、正しくは一神教文明と呼ぶのがふさわしい。この意味では、かつての西側陣営と東側陣営の対立も、この数十年間のユダヤ＝キリスト教社会とイスラム教社会との対立も、どちらも内輪もめとして解釈できる。文化の異なる人民同士（複数の種類の共同体の人民同士）が争っているが、どの文化も同じ第一原理を共有しており、考え方や感じ方には基本的に違いがない。実のところ現在では複数の――おそらく三つの――文明が存在しており、一神教文明はそのひとつにすぎない。残りのふたつは中国文明とインド文明で、このふたつには、おそらく世界の全人口のおよそ半分が含まれる（中国とインドの人口の合計は二五億）。つまり、三つの文明のなかでは一神教文明の人口が最も多い。さらに、一神教文明は世界各地に最も普及しており、五大陸すべての社会に広がっている。それに比べて他のふたつの文明は、アジアにしか存在しない。三つの文明は同年代で、いずれも五〇〇〇年〜六〇〇〇年前に誕生した。その後、異なる歴史を歩んでいくが、その過程で私たちの文明の経験は最も波乱万丈だったような印象を受ける。というのも、誕生してから少なくとも最初の三〇〇〇年間、一神教文明は非常に小さく、土台を成す伝統は長い時間をかけて少しずつ形成され、第一原理の成文化も徐々に進行し、ようやく文明と呼んでもおかしくない姿が出来上がったのである。二〇〇〇年前にようやく外の世界に広がり始めた頃、中国とインドの文明はどちらもすでに版図を最大限に拡大していた。しかし最初はキリスト教、次はキリスト教とイスラム教の後押しを受けて、一神教文明はものすごい速さで広がっていった。そしてこの五〇〇年のあいだにようやく、一神教文明は西半球とアフリカの大半にまで拡大する。こうして南米とアフリカの人口が加わったおかげで、一神教文明は三つのなかで最大の人口を擁するまでになったのだ。

一神教文明は誕生してからしばらく鳴りを潜めていたが、この二〇〇〇年のあいだに猛烈な勢いで拡大した。他のふたつの文明の圏外に存在して（同じ時期、ふたつの文明のどちらもほとんど自己完結型だった）一神教文明に触れた文化のなかで、その勢いに抵抗できるものはひとつもなかった。ただし、他のふたつの文明との境界では、この快進撃は中断される。そのため、中国文明と一神教文明は二〇〇〇年にわたって並存することになったが、その状態は、同じ電荷の磁石同士が反発し合う様子にたとえられる。まるで違う惑星に住んでいるようなものだった。私たちはごく最近まで、「世界」の概念に中国を含めて考えなかった。対照的に、インド文明の空間はイスラム教に繰り返し侵略され、一部は数世紀にわたってイスラム教徒の支配下に入った。事実ではないにしても、中国文明は未だに西洋の影響を食い止めているような印象を受ける。これに対してインド文明は、金属に触れた石油の流れさながら、西洋の影響を前にして後退を始めた。従順で影響されやすいけれども、本来の姿を変えることはなかった（イスラム教がネーション意識に吸収されてはじめて、インドで個人や集団のアイデンティティが形成され、インド人の政治への関わり方が分断され、イスラム教徒のインド人vs.その他大勢という対立の構図が出来上がる大きな要因になった点は重要である）。

アジアのナショナリズムの目覚め

二〇〇〇年にわたって続いた一神教文明の快進撃を最初の一五〇〇年間に支えたのは宗教で、影響を受けた地域では人びとが宗旨替えした。しかし最後の五〇〇年間の発展を促したのはネーション意識で、それが勢力の拡大に貢献した。二〇世紀半ばまで、ナショナリズムが発展する地域は一神教文明の勢力圏にほぼ限定され、日本は唯一の例外だった。長らく自給自足を続け、他の世界に全く関心のなかった日本は、西洋列強によって開国を迫られた。このような強制的なやり方に屈辱を受けた武士階級――日本では特権階級として恵まれていた――は、尊厳を回復するため、侵略者である西洋列強のネーションのモデルにしたがって社会を再編する決意を固めたのだ。再構築は驚くべき速さで進行し、成功を収めた。このアジアの小国は天然資源に恵まれず、一〇〇年足らず前には小火器をほとんど持たず、自給自足経済に満足していたにもかかわらず、二〇世紀はじめには西洋列強と軍事面でも経済面でも競えるまでになった。ネーションとしての目標をひたすら原動力とし、ネーションの尊厳の復活を一心に追い求めた日本は、以後は世界の大国の仲間入りを果たしたのである。

日本のナショナリズムの構築者たちは、西洋が軍事的にも経済的にも優れていることを十分に認識していたが、西洋列強の人民を野蛮人とみなし、彼らの宗教や倫理観を見下した。日本人は「和魂洋才」をモットーとして、西洋のやり方を学びたいと望んだが、同じ目標を追求したわけではなかった。そして、西洋人の基準で自らを評価しなかった。要するに、西洋人と「同じに」なりたいとは思わなかったのだ。したがって、西洋人との違いを認識していたものの、私たちを羨むわけではなく、**ルサンチマン**も抱かなかった。日本は、無理やり押しかけてきた世界とのあいだに距離を置いたため、人民にはエネルギーがみなぎり、西洋の知識を瞬く間に獲得したのである。さらに日本は、ネーションが尊敬されるためには、戦争が最も確実な方法であることも西洋から学んだ。そのため、アメリカの「黒船」が浦賀港に来航してから僅か四〇年後には、日本は中国に侵攻し、戦いで勝利を収めた。かつて属国「倭」と見下していた日本の手による敗北は、中国にとってきわめて屈辱的だった。すでに中国は、卑しい洋鬼子すなわち外国の悪魔の仕打ちに苛立ちを募らせていたが（日本人も悪魔だったが、中国人にとっては外国人ではなかった）、それとは比べものにならなかった。この敗北をきっかけに、中国ではナショナリズムの種がはじめて蒔かれたのである。さらに日本は一九〇五年、「白人大国」ロシアに目覚ましい勝利を挙げ、東南アジア全域がこの勝利に興奮した。このように日本は、東洋のふたつの文明にネーション意識が広がり、ナショナリズムの真のグローバリゼーションが実現するための道を開いたのである。

こうして中国に蒔かれた種が芽を出して、実を結ぶまでにはおよそ一世紀を要した。しかし二〇世紀最後の二五年間で、それは確実に実を結んだ。ナショナリズムが中国とインドに広がった結果、ほぼ統制された巨大なふたつの文化は、私たちの一神教文明を構成するネーションを相手に尊厳を求めて競い合うようになった。これは間違いなく、この数十年間で最も重要な政治的展開だ。ナショナリズムのおかげで、すなわち西欧にひとつの小さな国が創造されたおかげで、まずは西欧が、次に北米における西欧の前哨基地であるアメリカ合衆国が、世界の中心になった。その存在を誰も無視することはできない。あるインド人歴史家は、ヨーロッパ時代の歴史は一五〇〇年に幕を開けたと断定している。ここを中心に、ネーション意識——一六世紀のイングランドで誕生した現実についてのビジョン――はゆっくりと地球全体に広がり、それと共に西洋の影響力を広げていった。この影響力が今日ほど遠くまでおよんだ時代はかつてなかった。いまやナショナリズムは、真にグローバルな現象になった。しかし皮肉にも、ナショナリズムの影響が広い範囲におよび、偉大な東洋文明にネーション意識が浸透した結果、ヨーロッパの時代は終焉し、新たにアジアの歴史の時代が幕を開けたのである。

燃える宝石のような煌めき――『ナショナリズム入門』解説

張《チョウ》 彧暋《イクマン》

1　ナショナリズムを論じること

本作（*Advanced Introduction to Nationalism*, Edward Elgar, 2016）は、ボストン大学教授の社会学者、リア・グリーンフェルド（以下、敬称略）によるナショナリズムの入門書である。彼女の著作は多数あるが、学術論文以外の書籍はどれも分厚く、邦訳がないためか十分に知られていない（佐藤2002、原2011、関2016などで一部紹介されている）。本書は彼女の著作の初めての翻訳である。

ナショナリズムと言えば、皆さんはどんなイメージを持つだろう。日本だけでなく、欧米でも「ナショナリズム」の印象はよくない。例えば「排外的」「感情的」「戦争と暴力」というマイナスのイメージばかりである。しかし、ネーションについては、「国連（United Nations）」が「ネーションの連合」を意味するように、中立的にも使われている。

日本語では「ネーション」や「ナショナリズム」のようにカタカナの訳語を使うと、より中立的にみえるかもしれないが一方で「国民」や「民族主義」と訳すと、やや主観的なニュアンスが出る。

「国民」「民族」の意味も時代につれて変わってくる。例えば、歴史社会学者の小熊英二の『民主と愛国』（小熊２００２）にあるように、日本では一九五〇年代頃、左翼のほうが「民族」という言葉を肯定的に使用していた。しかし、八〇年代以降、右翼の側がむしろ「ナショナリズム」を肯定的に使うようになる。

日本は非西洋文明の中でいち早くネーションを導入し、制度化したが、ネーションの原理はいまだ完全に理解されていないといえる。原因として、ナショナリズムは単なる不合理な政治思想か、諸悪の根源と考える知識人の思い込みがあるのではないか。「ネーション」の語源を整理せずに、ナショナリズムの起源、歴史的変化、影響を把握できるわけがない。本書は、これまでの研究に基づき、学術な定義を提供し、各国の歴史においてナショナリズムがどう受け止められたかを検証する。

2　著者について

リア・グリーンフェルドは、一九五四年にソビエト時代のウラジオストクのユダヤ人家庭に生まれた（より詳しい家族史は、彼女による回顧的な文章 Greenfeld 1994 を参照）。大学教育はイスラエルで受けたが、偶然、デュルケムの社会学にふれたことをきっかけに社会学と人類学を専攻した。その後アメリカに渡り、ウェーバーによるカリスマ性の研究を行う（Greenfeld 2006 に所収）。一九八五年にハーバード大学に就職、その後、最初の本である『ナショナリズム：モダニティに至る五つの道』（Greenfeld 1992）が評判を呼ぶ。一九九四年にボストン大学に移籍し、現在まで「社会学・政治学・

人類学のユニバーシティー・プロフェッサー（看板大学教授）」として活躍している（ちなみに社会学者のピーター・バーガーも同大学の同じ職だった）。

彼女の代表作としてナショナリズム三部作があり、いずれもハーバード大学出版会によって刊行されている（Greenfeld 1992, 2001a, 2013）。本書は、彼女が出す初めての入門書であり、三部作を含む彼女の理論と莫大な業績を簡潔に紹介するものである。

筆者（張）はもともと日本鉄道史や日本のサブカルチャーを対象にして、それらの歴史をナショナリズムの文化・歴史社会学の観点から研究してきた。二〇一九年に日本の大学に移籍する前に、香港で、たまたまグリーンフェルドの集中セミナーを数年にわたり受講していた。

グリーンフェルドは二〇一〇年から一六年まで、夏に香港嶺南大學の特別招待学者として訪問し、トークやセミナーを行っていた。彼女によるナショナリズム三部作は、ナショナリズム研究界隈では有名で、よく引用されているがどれも分厚く、筆者自身もそれらの深意をよく理解したと言えないので、よい機会と考えていつも参加していた。

二〇一四年（雨傘運動の年）に香港を訪れた際、彼女は東アジアの状況を研究していた。その頃に行われた集中セミナーには筆者も参加しており、異なる分野の学者と大学院生もいた。本書は献辞にもあるようにその内容の一部に基づいて書かれたものである。

3　従来のナショナリズム研究に対する批判

ナショナリズムの研究でよく知られたものとしては、ベネディクト・アンダーソンの『想像の共同体』(Anderson 1983) をはじめ、いくつも挙げることができる。グリーンフェルドはその多くを批判する。理由は、ナショナリズムを解釈しようとする主な理論がマルクス主義か唯物論を用い、文化事象としてのネーションを軽視しているからである（この節は、Greenfeld 2005 に基づく）。

これらの理論に共通しているのは、文化があくまでも物質的基礎の副産物にすぎないと考えていることである。「想像」とは、実は「リアル」ではないことを意味する。マルクス主義の社会・歴史認識によれば、まず「リアル」な下部構造があり、それは経済的、技術的なもので、それが上部構造の文化・法律・宗教を規定している。ナショナリズムを始めから「偽りの意識」「虚構のイデオロギー」「騙し」として研究するのである。

ここでは、彼女の批判は、社会科学全般の理論前提である心身問題 (mind-body problem) に及ぶ。近代科学や社会科学は、技術や権力を「リアル＝本物」ととらえる。科学革命以来、体 (body) の物質的基礎がより「リアル」で、「心 (mind)」や精神は見えないものだから、幻想であると考えるのだ。しかし、近代以前、古代ではプラトン的なイデア、中世では神的なものが、見えないからこそリアルで、肉体やモノは滅びやすいからリアルではない、という見方が主流であった。前近代の西洋人は、朽ち果てない精神や神が根本な世界の現実と考えていた。それが科学革命後、科学観はモノとリアルとが逆転する。彼女はそういった二元論的な見方を批判している（詳しくは後述する）。

例えば、アンダーソンの『想像の共同体』のサブタイトルは、「Reflections on the Origin and Spread of Nationalism（ナショナリズムの起源と流行）」である。「reflections」とは「反省・反射」を意味し、鏡のイメージとしてのナショナリズムは、あくまでも経済や技術という下部構造の「反映」にすぎないと考える。「反省」すればその鏡像を見破ることができる。彼に『比較の亡霊』（Anderson 1998）という本があるが、「亡霊（spectre）」はナショナリズムを指している。つまりここには、「死んでいる幻影たるナショナリズムに囚われるな」というメッセージがこめられている。

また、ナショナリズムを論じるためには、「ネーションとは何か」という定義の問題が出てくるはずだが（Greenfeld and Eastwood 2003）、例えばイギリスのマルクス主義者のエリック・ホブズボームの著作（Hobsbawm 1992）では、冒頭で「ナショナリズムの定義はそれぞれだが」と、言葉を濁して定義をはっきりさせていない。定義なしでは、都合のいいことを好き勝手に論じることになり、生産的な議論ができないと、グリーンフェルドは切り捨てる（Greenfeld 2021）。

同じ問題が、人類学者アーネスト・ゲルナーにも見られる。彼の『民族とナショナリズム（*Nations and Nationalism*）』（Gellner 1983）は、最初にナショナリズムの定義を挙げている。「ナショナリズムとは、第一義的には、政治的な単位と民族的な単位とが一致しなければならないと主張する一つの政治的原理である」（ゲルナー 2000:1; Gellner 1983:1）。しかし、「ネーション」とは何であるかは最後まで分からない。ナショナリズムの（社会・政治）運動があって、その結果としてネーションが生まれたという捉え方はできるが、その「ネーション」の定義自体は曖昧である。

もう一人、アンソニー・スミスは、人類学の影響を受けて、「ナショナリズムの民族的起源」を論じた（Smith 1986）。日本語では「ネーション」というと「民族的《エスニック》」の意味合いも入るが、スミスはネーションとエスニックの関係に注目する。彼は、ネーションのベースにはいわゆる文化や伝統を持つ「民族（エスニック・グループ）」があるという。ネーションは前近代からの民族コミュニティの文化伝統や儀式で支えられ、ネーションの構成基盤はやはりエスニック的なシンボリズムとみる。この考え方は人類学から来ていて、文化人類学者C・ギアツのエスニシティ理論などもそうだが、前近代からの基原主義（プライモーディアリズム：primordialism）のナショナリズム観である（Geertz 1973）。

ナショナリズム研究においては、近代主義と基原主義の二つがあり、前者が主流だが、スミスはどちらかというと前者に属していると言われるが後者にも大きく依存している。しかし七〇年代以降、人類学では「プライモーディアルなエスニック・グループは存在しない」という立場が主流になる。その代表的な理論がフレデリック・バースによる「民族的な境界（ethnic boundaries）」論である（Barth 1969）。互いに境界を引くことによって自他の分別ができ、各自の民族属性ができあがるという理論だ。従って、本質的、原始的なエスニック・グループは存在しないという主張である。

この観点から見ると、「ネーションの近代的な起源はエスニック的基原に基づく」というスミスの理論は、完全な間違いとは言えないまでも、やはり偏りがある。英米のようなネーションは、必ずしも血縁や伝統のような民族に基づいていないのは明らかである。

最後に、アンダーソンの定義「想像の共同体（imagined communities）」についても、グリーンフェルドは批判する。近代に入って、会ったこともない人間が想像を共有する。その定義は、「内在的に、有限的で（limited）、主権のある（sovereign）」である。（Anderson 1983: 3）それに対して彼女は、この定義もやはり他と同じく、不十分であるという(Greenfeld and Eastwood 2003)。つまり、「想像の共同体」と言うなら、人間の共同体はどれもその定義に当てはまる。人間社会が文化の産物である限り、学校や会社、宗教も「想像」の共同体である。家族すら「有限・主権のある共同体」だろうし、古代ギリシャのポリスもそうだ。つまりアンダーソンの定義は広すぎて、何にでも当てはまる。また、ネーションという「想像」はどんな想像なのか。その分析は曖昧である。

そのほかにもアンダーソンは、近代のドイツでは印刷物によって地方や身分を超える新たな想像の共同体が生まれたことを強調する。しかし例えば、近代以前の江戸社会や二〇世紀の香港のように、宗教巡礼や植民地官僚巡礼があり、印刷資本主義が盛んであっても、そうした現象はあくまで都会的な環境に許容されていたにすぎず、ネーションは根本的なアイデンティティ(fundamental identity)になりえなかった。

4　グリーンフェルドによるネーション論

グリーンフェルドは、前節で挙げた議論とは異なり、ネーションの正体を、その語彙の意味合いの変化を調べることにより、適切な定義を行った。

ナショナリズム三部作の最初の本では、まず「ネーション」の辞書的な意味の歴史的な変化を検討する。これまでの事典をすべて検討する語源学的なアプローチである。これはすでに戦前の研究(Zernatto 1944; Kohn 2005)によって行われており、彼女もこれを用いて自説を展開する(Greenfeld

1992)。

本書の第2章ではそこでの議論をまとめている。ラテン語の「Natio」には、「ゴミクズ、小さきもの、尊厳のない余計な庶民」というニュアンスがある。ローマの都市では、その言葉は「移民である外人」に対して差別語として使われ、「とにかく小動物みたいに繁殖する」無価値なものを意味した。彼らは社会的地位（status、身分、地位またはステータス）が低く自負心もない、差別の対象であった。

前近代では、尊厳は、一部の貴族に独占されていた。この用語の驚くべき変化は、むしろローマ帝国崩壊後の中世期に入ってから起こる。「Natio」は、キリスト教の修道院において寮の留学生の意味として使われた。現代の大学もそうだが、留学生の多くは大学の寮に住んだ。従って「Natio」も、「外人」＝「外国人留学生」＝「大学の寮」という意味になってきた。のちにローマ法王が代表を送るよう各大学に要求し、修道院が寮から代表を送ることになると、今度は「Natio」は「代表」の意味になった。ここで、この言葉は法王に会える大学の代表と選ばれた名誉ある地位＝「エリート」の意味に転換した。グリーンフェルドは、こうした語意の変化を以下の図のようにまとめた。

この意味の決定的な変化は、一六世紀後半のイングランドにおこる。薔薇戦争以前のイングランド社会は、階級間の移動のない社会であった。貴族は「青い血」で、庶民は「赤い血」とされ、階層間の結婚は考えられないことだった。しかし薔薇戦争により多くの貴族が戦死し、王位継承者には遠い親戚が選ばれることになったが、王は周りの延臣を必ずしも貴族でない友人や知り合いで固めた。

例えば、平民出身のある大臣は「なぜ自分がエリートになれるのか」と自問する。血縁では説明できないから、自分でも実感がない。こうした状態を、社会学者デュルケムは「アノミー（anomie）」

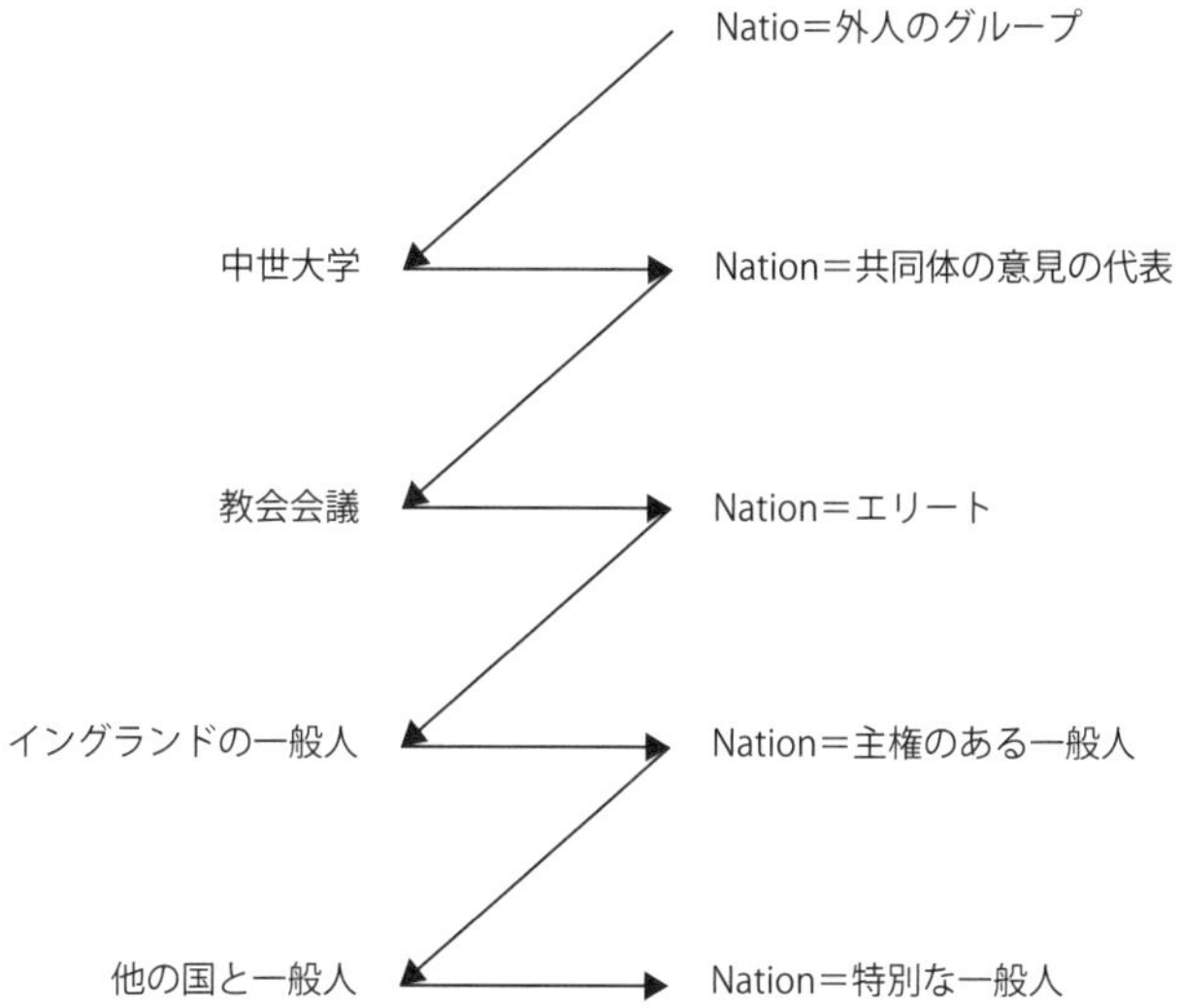

ネーション観念の変化

出所：Greenfeld 1992 : 9

と呼んだ。当時のイングランドにおいて一晩でエリートとなった元平民は、こうした心理状態の混乱、存在論的な不安に襲われたと、グリーンフェルドはいう。

エリートたちはこの不可解的な現実に対する説明として、「私はネーションだからだ！」と考えることにした。なぜなら、「ネーション」の意味の多義性によって、「私はゴミクズのような庶民なのに、代表、つまりエリートになった」といえるからだ。つまり、ネーションという言葉は、存在論的な不安に襲われている彼らの地位を説明してくれる言葉だ。

次に「ネーション」という言葉は、イングランドと結びつく。イングランドには、ネーションの能力と可能性が潜んでいるからこそ、こうした階級上昇的な社会ができた。そしてネーションに基づく民主主義的な新たな近代「政治体（polity）」を誕生させる。ナショナリズムの出発点は、このような概念の創作といってもよい。

一六世紀前半、ヘンリー八世がローマ教会と争い、新たな教会をつくって、カトリックを排除し、その土地を没収した。この時代は旧階級にとっては崩壊の時代だが、政治的・経済的に活気のある階級の大上昇の時代であった。当時の「ネーション」という言葉は、こうした社会のエネルギーの活気を表現していた。この社会の活気や狂気のような心情を描いたのは、シェイクスピアである。グリーンフェルドは、シェイクスピアの劇作品は社会科学者の必読書と言っており（Greenfeld 2019: 13–14）、この意見には同意できる。

5 グリーンフェルドによる「文化」概念

ここでグリーンフェルドのナショナリズム論の骨格を作る重要な「文化」の概念を見ていこう。そのために彼女の科学哲学、「創発（emerging properties）」論を説明する（Greenfeld 2020）。彼女が考える世界の構造は、三つの現実の層（layers of realities）になっている。まず次の図を見てほしい。三つの層の一番下は、「物（matter）」の層であり、物理学の対象となる。その上に、物理学では予想も解釈もできない、第二の「創発」的な、生命（life）の層がある。「生き物（living things）」は物《モノ》でありながら、同時に生きている。

この第二の層は、生物学が対象とする生物の層である。もちろん、生物はまだ物理的な制約の中に

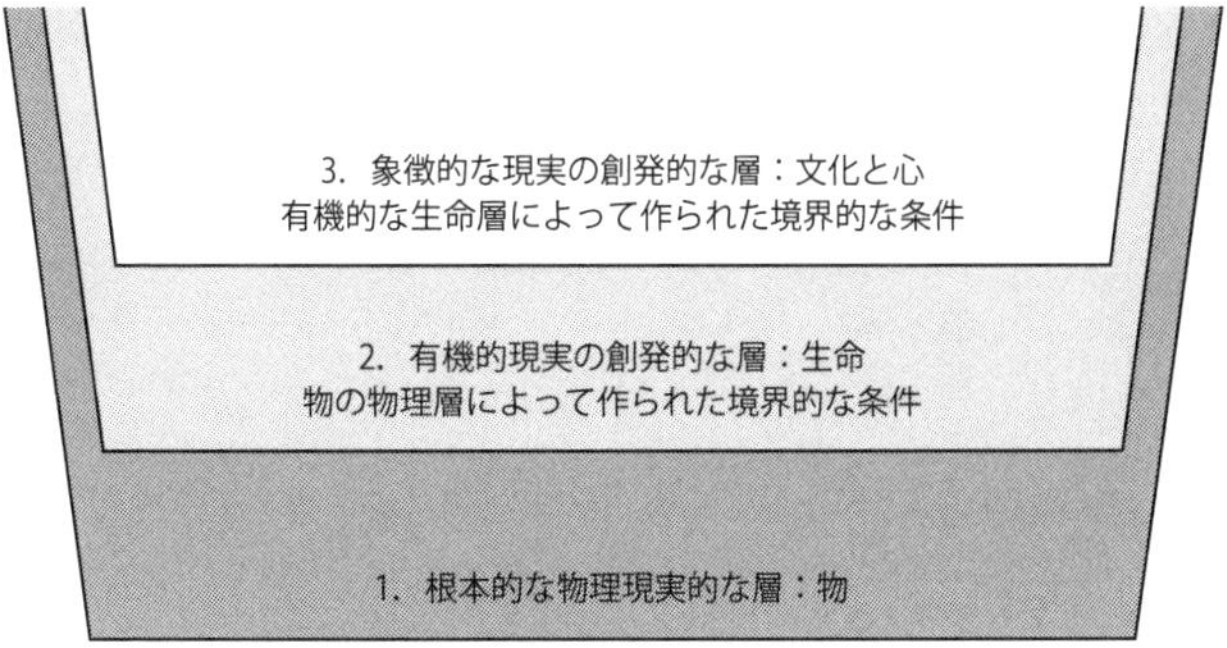

従来の二元的な存在論に代わり、心身問題を解消する多層的な現実観

出所：Greenfeld 2013：24

あるが、物理法則だけでは説明できない新たな生命的現実がある。それは、ダーウィンの進化論によって、「命」を歴史のある**プロセス**として認識できるようになった現実である。ダーウィン以前には、生き物は果たして物なのか、精神なのか、前近代の物心二元論の認識フレームワークでは、定められなかった。生命を「種（species）」という分析単位の動的な歴史変化のメカニズムとしてとらえることができなかった。遺伝子の発見により、新たな生物的現実を正確に見定めることが可能となり、最も進んだ科学が生まれ、この創発的な層は物心二元論を超えた。

「創発（emergence）」とは、「全体としての特性は、部分の性質の総合にとどまらないし、予想もできない」(Corning 2002; Clayton and Davies eds. 2006; O'Connor and Wong 2012) という意味である。立ち現れ、出来上がった新たな現実層は、第一の層に還元できない。科学哲学としての創発主義は、現代科学や社会科学の主流である還元主義とは対照的だ。

最後に文化と心の層がある。社会は、実は動物界の現象でもあり、生物学の対象になる。例えば、社会生物学者のE・O・ウィルソンが言うように、霊長類のみならず、象、狼、蜂、蟻も厳密な社会構造を持ち、親族、権力、経済交換の社会現象も認められる。また、近年の進化心理学者と進化人類学者は、人間の脳、習慣、社会構造を進化の結果と捉えるとするならば、社会科学は、実は生物学科に属すべきではないか。

しかしグリーンフェルドは、人間社会と動物社会には決定的な違いがあり、その理由を「文化」に求めるべきだとした。彼女は、文化を「人間の生活様式を伝承する象徴的な過程（the symbolic process of transmission of human ways of life）」と定義する（Greenfeld 2013）。「象徴（symbol）」とは、「恣意的な信号（arbitrary sign）」である。生物は、環境からの信号を受け、遺伝子（gene）に書き込まれたプログラムに沿って、刺激に即した行動をしなければ、命取りとなる。文化と心は、自然環境に対応するだけではなく、連鎖する「象徴過程」の一環として、別の象徴の間で連綿と反応し続ける。

動物と違い、人間は三層目の文化的な現実の層の中でも生きており、主に言語を通して現実を認識する。文化の特徴は、象徴に意味合い（meanings）が付与されることにあり、各個人の心がこれらの意味を解読・解釈しなければならない。しかも、象徴の意味は恣意的なため、同じ物事に異なる言葉と象徴で意味づけをすることができる。実際の火を見て、日本語では「ひ」と、英語では「fire」と呼ぶのは、現象自体と関係なく、我々の恣意である。

物事の命名と現実の認識は、その社会が決めたルールであり、象徴を通じて、社会は文化的に再構築されている。もちろん呼び方やルールがいったん定着したら、その言葉も文化の意味合いも制度化され、同じ文化に属する集団は同じルールに従い、もはやそれらは恣意的ではなくなる。そしてルールや文化を次の世代に伝承する場合や外国人に説明する場合にそれを可能にするのは、遺伝子ではなく、言語や象徴である。グリーンフェルドによる文化の定義は、動物にはなく人間にしかない象徴による伝承の過程に注目する。

しかし、文化は根本的なところで恣意的であるため、伝言ゲームのように、常に同じものが伝承されるとは限らない。文化によって構築された人間社会の最大の特徴は、その（1）可変性、（2）多様性、（3）逸脱性にある。同じ物事に対して、異なる命名・意味付けができるし、見方も変わるし、ルールの再創造と再解釈もでき、生物本能と古い習慣から逸脱することもできる。つまり文化のおかげで、同じ種でも様々な社会を生み出すことが可能となり、言葉の解釈によって、新たな現実感を生む社会構造ができあがる。

「ネーション」は、先に見たように薔薇戦争後のイングランドの新たな社会的な現実を正当化し、近代社会を作り出した魔法のような言葉である。

「ネーション」の意味の再創造によって、新たな文化的枠組みが誕生し、もともとへき地でかつ野蛮な場所にいたイングランド人に、自分の運命は自分の手で把握できるという感覚を与えた。

グリーンフェルドはこの節で扱った文化の問題を、ナショナリズム三部作の最終作『心、近代性、狂気：文化がもたらす人間経験への影響』（Greenfeld 2013）で全面的に展開し、そのエッセンスを第5章でまとめている。そこではナショナリズムがもたらす「近代の病」として神経症や統合失調症の問題に触れている。

6　ナショナリズムが近代の社会制度に及ぼした影響

ネーションにおいて重要なのは「尊厳（dignity）」の問題である。「尊厳」の一例としてグリーンフェルドは、シェイクスピアの『ロミオとジュリエット』における二人の恋愛を取り上げているが、その恋愛感情――互いを交換不可能なものとする承認を与えるつながり――は、社会の慣習や身分よりも優先され、それは「心」の問題であると同時に身体的な問題でもある。そうしたネーションが与えてくれる尊厳は一度味わうと手放すことができなくなり、依存症とでもいえるものと化す。誰もが自分の運命の中心であることを望み、困難を克服すれば「幸福（happiness）」を得るが、うまくいかなければ、自らの承認への欲求や幸福を満たしてくれない社会はむしろ改変の対象になってくる。そのような近代的な情熱が、人々に社会制度を作り直す際に大きな動機（motivation）を与えた。

以下では、そうした近代の制度にナショナリズムが与えた三つの特徴を検討する。一つ目は世俗主義である。来世の救済より、現世の満足を重要とする考えである。信仰心を持ってもよいが、人生は一回きりであるという感覚があってこそ、人は例えば命を犠牲にして自分の機会を縛る社会の枷を打破する政治革命を起こし、個人の尊厳を守り通すのだ。二つ目は、個人主義／平等主義である。ここでいう「平等」とは、機会の平等である。誰しも自分の生まれつきの属性や社会背景に縛られずに、競争のなかで個人の力によって評価される権利がある。三つ目は普及的主権（popular sovereignty）である。普段「人民主権」と訳されることが多いが、ここでいう「ポピュラー」は、むしろ全員、すなわちネーションに属する全員が主権をもっているということである。個人の運命は、各人に任せられ、個人が責任をもって支配する。その延長線上には近代の政治原則たる代表権がある。当然ネーションは民主主義的な政治体でなければならず、北朝鮮ですら形式的には投票によって「人民の代表」を決めることからしても、すべてのネーションは原理的に「民主主義」だと言える。

政治原理だけではない。ナショナリズムという近代文化の認知的な枠組みは、あらゆる制度に影響を及ぼし、それは経済制度も例外ではない。三部作の二作目『資本主義の精神』(Greenfeld 2001) は、「なぜ近代社会と資本主義は欧州で生まれたのか」という、ウェーバーの問いへの回答のアップデートである(本書では第4章で扱われる)。グリーンフェルドは、「彼の問いは正しいが、答えは間違っていた」と論じる。なぜなら、貧しい未発展国だった一七、一八世紀のドイツ社会に資本主義の起源を求めることができないからだ。当時、資本主義が進んでいたのはオランダであり、その経済覇権に挑戦しているのが、他ならぬイギリスだった。比較歴史社会学の手法から、ウェーバーの問いを立て直してみよう。近代資本主義のオランダがなぜ経済覇権を取れなかったのか。なぜイギリスには持続的な経済発展が可能だったのか。「資本主義の精神」にあたるのは、ウェーバーが言う「プロテスタントの倫理」ではなく、むしろ「ナショナリズム」こそが、資本主義の動機として、持続的な経済発展を支えたわけである。オランダはリベラルな都会主義であり、成金はあくまでも個人の見栄に関わる問題でしかなかった。それに対して、イギリス商人の利益はナショナリズムに由来し、富はネーションの尊厳と関わるものだった。他ならぬアダム・スミスの『道徳感情論』が扱っているのは、ネーション内の道徳の問題であり、『国富論』が扱うのは「ネーション」の富の問題である。「ネーション」となったイギリス商人たちは、ハンザ同盟を排除し、オランダをライバル視して、ネーションの栄光のため富を蓄積する。

政治と経済に加え、近代科学の制度化もネーションによるものである。世俗主義は現世を対象にし、その理解と改善を目標にする。神学ではなく、自然を研究する科学が一番重要な知識となり、ネーションの知性を測る指標となる。そのおかげで、イギリスは科学革命の発祥地となり、ニュートンとダーウィンを生んだ。

グリーンフェルドのナショナリズム論の特徴は、近代における感情的、文化的側面を重視する点にある。前述したシェイクスピアもそうだし、絵画・音楽・文学のような芸術も重要である。政治から恋愛に至るさまざまなところで、近代の人々は新たな感情を発見あるいは発明し、自分の一回きりの人生を舞台として、この世界に向き合い、自分のアイデンティティを模索する。

余談だが、筆者自身も日本鉄道史、アニメ、あるいは近年の香港事情を研究しているが、それもグリーンフェルドのナショナリズム論の延長といってよい。近代ナショナリズムの精神を、香港の政治運動で使われていた言葉でいうと、「運命自主」となる——個人が天に課せられた課題を敢えて受け入れ、やるべきことを自ら積極的に背負い、個人の魂から世界を作り替えるという意味だ。これは、ウェーバーが『プロ倫』で述べた「天職（Beruf）」の更新といってよい。しかし、近代人にとっての召命は、神から与えられるものではなく、自ら探さなければならないものである。この近代性をどう描き出し、受け止めるのか。筆者も微力ながら、日本という異なる文化、文芸表現や思想史を通して、感情表現や思想を探ろうと考えている。

7　おわりに

個人のレベルでは「心（mind）」、社会のレベルでは「文化（culture）」の面において、我々はナショナリズムの磁場に捕えられている。比較歴史社会学的な視点から、日本のみならず人類が歩んだ道のりを遡ることによって、現在の魂の在り方を察知できるはずだ。

二〇一九年の激動を経験した大半の香港人にとって、ネーションが与える尊厳ははじめて味わった感情であった。政治的に不平等に扱われ、人権や自由は損なわれている。金銭も命も惜しまず、運命の淵に飛び込み、魂の炎を燃やす香港は今、ナショナリズムの時代を迎えている。

ナショナリズムは政治思想に限らない。日本のアイドル現象を例にとると、お金を払えばファンはアイドルに会える。若者は国政投票に行かず、アイドルのためにCDを購入し、投票券や握手券を争って求めている。この所謂「推し」現象は、民主主義のみならず、承認と尊厳の制度化にほかならない。お金を払うことによって自分が支えるアイドルの存在のおかげで、その人は認められ、尊厳の循環を完成させる。こうした現象は、れっきとしたナショナリズム研究の対象になる。このような民主政治とサブカルチャーに共通する情熱こそ、実はナショナリズムがもたらすものである。

他の国、例えばロシア人であれば、軍事、文学に尊厳を求め、アメリカ人であれば、経済と科学の発展に誇りを持つ。これからの日本人が外国人に見せたいものはなんであろうか。産業大国としての自動車と家電ではなく、ゲームやアニメ、料理や「おもてなし」、文学やアイドル産業かもしれない。

ナショナリズムに目覚めた香港人、台湾人、ウクライナ人なら、リベラルな理念である自由、民主主義、人権などを胸に戦っていくつもりであろう。自身の希望と才能と努力もさることながら、他人からの評価も移ろいやすいので、それは必ずしも承認されないかもしれない。だが、もっと大切なのは、その無限の可能性から、自分の長所を見極め、自分にしかできないことを行い、自分にふさわしいアイデンティティ、すなわち自分の立ち位置を見つけることだ。自らのネーションが世界において何をアピールできるのかを探し続けなければ、他者に承認されるのは難しいであろう。

本書の最終章ではナショナリズムのグローバリゼーションが論じられている。日本だけではなく、中国でもインドでも、ナショナリズムをどう受け入れ、どう理解するのかを検討している。ナショナリズムという文化的フレームワークは、誰でもエリートになり得る平等性を保証するものであり、階級上昇がもたらす希望は消えない。問題はその尊厳がどの範疇にも及ぶことで、ゆえに我々も自らに相応しい場所を探り、自分の基準を決めなければならない。今後も我々はナショナリズムと向き合い続けるだろう。また、ネーション同士の競演はしばらく続くだろう。燃える宝石のような煌めきは、希望を与え、絶望の淵をも垣間見せる明星といえるかもしれない。

Greenfeld, Liah. 2019. *Nationalism: A Short History*. Washington: Brookings Institution Press.

Greenfeld, Liah. 2020. Commissioned contribution of a major new section to Encyclopedia Britannica's article on Social Science: "Social science from the turn of the 20th century" (https://www.britannica.com/topic/social-science/Sociology#ref345485) and "Outline of a future science of humanity" (https://www.britannica.com/topic/social-science/Sociology#ref345489), last accessed September 2021.

Greenfeld, Liah and Eastwood, J. 2003. "Nationalism in Comparative Perspective". In T. Janoski, R. Alford, A. Hicks, & M. Schwartz (Eds.). *The Handbook of Political Sociology: States, Civil Societies, and Globalization*. Cambridge: Cambridge University Press. pp. 247-265.

Greenfeld, Liah and Zeying Wu (eds.). 2020. *Research Handbook on Nationalism*. Edward Elgar.

Greenfeld, Liah. 2021. "Nationalism and Protest" in *The SAIS Review of International Affairs*, 40: 2, pp. 5-15.

原百年. 2011.『ナショナリズム論——社会構成主義的再考』有信堂

Hobsbawm, Eric. 1992. *Nations and Nationalism Since 1780: Programme, Myth, Reality*. New York: Cambridge University Press.(『ナショナリズムの歴史と現在』浜林正夫・庄司信・嶋田耕也訳、大月書店、2001年)

Kohn, Hans. 2005 (1944). *The Idea of Nationalism*. Abingdon: Routledge.

O'Connor, Timothy; Wong, Hong Yu (February 28, 2012). "Emergent Properties". In Edward N. Zalta (ed.). *The Stanford Encyclopedia of Philosophy* (Spring 2012 Edition) https://plato.stanford.edu/archives/spr2012/entries/properties-emergent/

小熊英二. 2002.『民主と愛国——戦後日本のナショナリズムと公共性』新曜社

佐藤成基. 2002.「リーア・グリーンフェルド『ナショナリズム』」大澤真幸編『ナショナリズムの名著50』平凡社、406-419頁.

関曠野. 2016.『なぜヨーロッパで資本主義が生まれたか——西洋と日本の歴史を問いなおす』(聞き手：三室勇) NTT出版

Smith, Anthony. 1986. *The Ethnic Origins of Nations*. Cambridge, MA: Blackwell.(『ネイションとエスニシティ——歴史社会学的考察』巣山靖司他訳、名古屋大学出版会、1999年)

Zernatto, Guido. 1944. "Nations: The History of a Word," *Review of Politics*, 6, no. 3, pp. 351-366.

解説　文献リスト

Anderson, Benedict. 1983. *Imagined Communities: Reflections on the Origin and Spread of Nationalism*, London: Verso. (『定本 想像の共同体――ナショナリズムの起源と流行』白石隆・白石さや訳書籍工房早山、2007年)

Anderson, Benedict. 1998. *The Spectre of Comparisons: Nationalism, Southeast Asia, and the World*, London: Verso. (『比較の亡霊――ナショナリズム・東南アジア・世界』糟谷啓介他訳、作品社、2005年)

Barth, Fredrik. 1969. *Ethnic Groups and Boundaries: The Social Organization of Culture Difference*. Oslo: Universitetsforlaget, 1969.

Clayton, Philip and Davies Paul. (eds.) The Re-Emergence of Emergence: *The Emergentist Hypothesis from Science to Religion*. Oxford University Press, 2006.

Corning, Peter. "The Re-Emergence of 'Emergence' : A Venerable Concept in Search of a Theory." *Complexity* 7. 6: 18-30. 2002.

Geertz, Clifford. 1973. *The Interpretation of Cultures: Selected Essays*. Basic Books. (『文化の解釈学 (1・2)』吉田禎吾他訳、岩波書店、1987年)

Gellner, Ernest. 1983. *Nations and Nationalism*. Ithaca: Cornell University Press. (『民族とナショナリズム』加藤節監訳、岩波書店、2000年)

Greenfeld, Liah. 1992. *Nationalism: Five Roads to Modernity*. Cambridge MA: Harvard University Press.

Greenfeld, Liah. 1994. "Living History," *Bostonia*, Summer, pp. 33-39.

Greenfeld, Liah. 2001a. *The Spirit of Capitalism: Nationalism and Economic Growth*. Cambridge MA: Harvard University Press.

Greenfeld, Liah. 2001b. "Etymology, Definitions, Types," in *Encyclopedia of Nationalism*, Vol. 1, ed. Alexander J. Motyl. New York: Academic Press. pp. 251-66.

Greenfeld, Liah. 2005. "The Trouble with Social Science," *Critical Review*, 17: 1-2, pp. 101-116.

Greenfeld,Liah. 2006. *Nationalism and the Mind: Essays on Modern Culture*. Oxford: Oneworld.

Greenfeld, Liah. 2013. *Mind, Modernity, Madness: The Impact of Culture on Human Experience*. Cambridge MA: Harvard University Press.

Greenfeld, Liah. ed. 2016. *Globalization of Nationalism: Political Identities around the World*. European Consortium for Political Research, ECPR press.

第4章

1) L' *improvisateur Français* (Paris: chez Goujon Fils, an XII, 1804), vol. III–IV, pp. 45–46.
2) カール・マルクスは『資本論』のなかで、「貨幣―商品―さらなる貨幣（G―M―G'）」という定式化を行っているが、これは近代経済の傾向に関する事実の記述とも、この習慣に対する道徳的（政治的）な批判とも、どちらとも矛盾がない。資本主義はマルクスにとって政治的な問題でもなければ、頭をひねる難問でもなかった。彼にとって資本主義経済とは、人間の歴史の自然な進化のなかで、十分に予想される段階だった。そもそもは性行為のなかでの男女の分業から始まったもので、説明など不要だった。対照的にウェーバーにとって、これは悩んで解決すべき問題だった。
3) Weber, Max, *The Protestant Ethic and the Spirit of Capitalism* (New York: Scribner's, 1976), p. 53.
4) Kindleberger, Charles P., *World Economic Primacy, 1500 to 1990* (New York: Oxford University Press, 1996), p. 89; de Vries, Jan and van der Woude, Ad, The *First Modern Economy: Success, Failure, and Perseverance of the Dutch Economy: 1500–1815* (Cambridge University Press, 1997), p. 92.
5) 以下より引用。Kindelberger, *World Economic Primacy*, p. 93.
6) de Vries and van der Woude, *The First Modern Economy*, p. 710.
7) 以下より引用。Schama, Simon, *The Embarrassment of Riches: An Interpretation of Dutch Culture in the Golden Age* (New York: Knopf, 1987), p. 45.
8) 最近のブレグジットは、本書の原稿を整理している段階でニュースとして飛び込んできた。それによってこの主張の正しさがさらに確認された。
9) すべてリストの以下からの引用。List, F., *The National System of Political Economy*, trans. S.S. Lloyd (London: Longmans, Green and Company, 1922).〔『経済学の国民的体系』小林昇訳、岩波書店、2014年〕
10) Snyder, Louis L., "Economics: The Role of Friedrich List in the Establishment of *Zollverein*," in *German Nationalism: The Tragedy of the People* (Harrisburg, PA: Stackpole, 1952), ch. 4.

第5章

1) *Troilus and Cressida*, Act 4, scene 6, line 17.
2) Elyot, *Dictionary* (1538).

Political Thought of the German Romantics (Oxford: Basil Blackwell, 1955), p. 144.

18) Ibid., pp 154, 155, 146.

19) 以下より引用。Hans Kohn, "Romanticism and German Nationalism," *Review of Politics*, 12 (1950), p. 448.

20) Mueller, "Elements," p. 150; Kohn "Romanticism," p. 466.

21) Mueller, "Elements," p. 148.

22) Kantについては以下を見よ。Krieger, Leonard, *The German Idea of Freedom: History of a Political Tradition* (Chicago: University of Chicago Press, 1957), pp. 86–125. Hegel quoted in ibid., p. 160

23) Mueller, "Elements," pp. 160, 159, 158.

24) Payne, S.G., *Fascism: Comparison and Definition* (Wisconsin: University of Wisconsin Press,1980), p. 73.

25) 以下より引用。Conquest, R., *The Great Terror: A Reassessment* (Oxford: Oxford University Press, 1990), p. 249.

26) 以下より引用。Baehr, Peter, p. 2345 in "Totalitarianism," in *New Dictionary of the History of Ideas*, pp. 2342-2348.

27) 2016年6月13日、以下より検索。https://en.wikipedia.org/wiki/Totalita rianism.

28) Talmon, J., *Myth of the Nation and Vision of Revolution* (New Brunswick and London: Transaction Publishers, 1991), p. 457.

29) ソ連の共産主義は願望であり、現実ではなかった。ソ連では共産主義を構築するプロセスが進行していた。「すべての人が能力によって、すべての人が労働の成果によって評価される」社会主義の過渡的な原則が、「すべての人が能力によって評価される［一方］、すべての人のニーズが満たされる」地上の楽園に取って代わられたとき、はじめて現実になる。

30) Friesの引用はLowenthal, M., *The Jews of Germany* (London: Longmans, Green & Co., 1939), pp. 231–232; Wagnerの引用はSnyder, L., *German Nationalism* (Harrisburg, PA: Stackpole, 1952), p. 162.

31) Tucker, R.C. (ed.), *The Marx-Engels Reader*, 2nd edition (New York: Norton, 1978), pp. 26–52.

32) Ibid.

33) 以下続く引用はすべて以下から抜粋。Tucker, *The Marx-Engels Reader*, pp. 53–65.

7) SR, vol. IV, 13 Eliz., cap. I, pp. 526-527; 27 Eliz., cap. I, p. 704; 43 Eliz., cap. XVIII, p. 991.
8) Mackay, C., *Life and Liberty in America*, quoted in Curti, M. *The Roots of American Loyalty* (London: Atheneum, 1968), p. 31.
9) Gardiner, S.R., "The Constitutional Documents of the Puritan Revolution, 1625-1660," *Act Establishing the Commonwealth*, March 19, 1649, p. 388.
10) Dryden, J., *The Works of John Dryden*, in W. Scott (ed.), revised by G. Saintsbury (London: W. Paterson, 1882-1893), vol. XV, pp. 273-377; vol. XII, pp. 59-60; *Annus Mirabilis*, vol. IX, p. 150.
11) Sprat, T., *The History of the Royal Society of London, for the Improving of Natural History* (1666). 2016年6月13日、以下より検索。https://archive.org/details/historyroyalsoc00martgoog.
12) 政治的現象としてのイデオロギーは、概念よりも前に、さらにはイデオロギーという言葉が誕生するよりも前に誕生していた。イデオロギーはデステュット・ド・トラシによる造語で、1795年に創設されたフランス学士院を構成するアカデミーのひとつ、**倫理・政治学アカデミー**における「観念の研究」を意味した。やがてナポレオンが、自分に反対する学士院会員たちを「イデオローグ」と呼んで軽蔑するようになると、「イデオロギー」という言葉には政治的な意味が加わった。概念としてのイデオロギーの歴史は新しく、フランスで発生した現象が起源であることが確認されている。
13) Herder, J.G., "Letter to Caroline Flachsland, January 9, 1773," in *Herders Briefwechsel mit Caroline Flachsland* (Weimer: Verlag der Goethe-Gesellschaft, 1926-1928), vol. II, p. 325.
14) Schlegel, F., "Ideas," in *Lucinde and the Fragments* (Oxford: Oxford University Press, 1971), no. 60, p. 247. Hölderlin, F., in Gooch, G.P., *Germany and the French Revolution* (London: Longmans, Green, and Co., 1920), p. 240, 以下より引用。Litzmann, C.C.T, *Friedrich Hölderlins Leben: In Briefen Von Und an Hölderlin* (Berlin: W. Hertz, 1890), p. 169.
15) 以下より引用。Pascal, R., *The German Sturm und Drang* (Manchester: Manchester University Press,1967), p. 212.
16) Herder, J.G., "Übers Erkennen und Empfinden in der Menschlichen Seele," in *Sämtliche Werke* (Berlin: Weidmann, 1877), vol. VIII, p. 261.
17) Mueller, A., "Elements of Politics," Lecture no. 2, in H.S. Reiss (ed.), *The*

注

第2章

1) Voltaire, "Réflexions sur l' histoire," and "Annales de l' empire," in *Œuvres complétes* (Paris: Garnier Fréres, 1870), vol. XXV, p. 170, vol. XIII, p. 513.
2) Raynal, A., *Histoire philosophique et politique des établissements et du commerce des Européens dans les deux Indes* (Geneva: J.-L.Pellet, 1780), vol. V, p. 10.
3) Duclos, C.P., "Considérations sur les moeurs de ce siècle," in *Œuvres diverses* (Paris: N.L.M.Dessesartes, 1802), vol. I, p. 10.
4) Bruford, W., *Germany in the Eighteenth Century* (Lanham, MD: University Press, 1935), pp. 279–286.
5) Schillerの引用はibid., pp. 2, 4.
6) Fichte, J.G., *Addresses to the German Nation*, trans. R.F. Jones and G.H. Turnbull (Westport, CT: Greenwood Press, reprinted by Open Court Publishers, [1922] 1979), pp. 134–136.〔『ドイツ国民に告ぐ』大津康訳、岩波文庫、1940年〕

第3章

1) Orwell, G., *Animal Farm* (New York: Penguin, 1996), p. 29.〔『動物農場——おとぎばなし』川端康雄訳、岩波文庫、2009年〕
2) Orwell, G., *1984* (New York: Penguin, 1950).〔『1984［新訳版］』高橋和久訳、ハヤカワepi文庫、2009年〕
3) Elyot, T., *Dictionary* (Menston, U.K.: The Scholar Press, [1538] reprinted in 1970).
4) Rider, J., *Bibliotheca Scholastica* (Menston, U.K.: The Scholar Press, [1589] reprinted in 1969).
5) 「上告法」*Statutes of the Realm*〔反逆法〕, printed by command of His Majesty King George III in pursuance of an address of the House of Commons of Great Britain (London: Dawsons of Pall-Mall, [1810–1821] reprinted in 1963), vol. III, 24 Henri VIII, cap. XII, p. 427.（反逆法は以後、SRと表記）
6) SR., vol. IV, 1 Eliz., cap. I, p. 350.

階——一つの非共産主義宣言』木村健康他訳、ダイヤモンド社、1961年〕
Snyder, Louis L., *German Nationalism: The Tragedy of a People* (Harrisburg, PA: Stackpole, 1952).
Weber, Max, *The Protestant Ethic and the Spirit of Capitalism*, trans. Talcott Parsons (New York: Scribner's, 1976).〔『プロテスタンティズムの倫理と資本主義の精神』大塚久雄訳、岩波文庫、1989年〕

主要参考文献

Anderson, Benedict, *Imagined Communities: Reflections on the Origin and Spread of Nationalism* (London: Verso, [1983] 2006).〔『定本　想像の共同体』白石隆・白石さや訳、書肆工房早山、2007年〕

de Vries, Jan and Ad van der Woude, *The First Modern Economy: Success, Failure, and Perseverance of the Dutch Economy, 1500–1815* (Cambridge: Cambridge University Press, 1997).〔『最初の近代経済――オランダ経済の成功・失敗と持続力1500–1815』大西吉之・杉浦美樹訳、名古屋大学出版会、2009年〕

Durkheim, Emile, *The Rules of the Sociological Method*, trans. W.D. Halls, in Steven Lukes (ed.), *The Rules of Sociological Method and Selected Texts on Sociology and its Method* (New York: Free Press, 1983).〔『社会学的方法の基準』宮島喬訳、岩波文庫、1978年〕

Gellner, Ernest, *Nations and Nationalism* (Oxford: Basil Blackwell, 1983).

Greenfeld, Liah, *Nationalism: Five Roads to Modernity* (Cambridge, MA: Harvard University Press, 1992).

Greenfeld, Liah, *The Spirit of Capitalism: Nationalism and Economic Growth* (Cambridge, MA: Harvard University Press, 2001).

Greenfeld, Liah, *Mind, Modernity, Madness: The Impact of Culture on Human Experience* (Cambridge, MA: Harvard University Press, 2013).

（上記の三部作は、本書の議論の基礎を形づくるすべての情報源への詳しい参照文献を含んでいる。）

Kohn, Hans, *The Idea of Nationalism* (New York: MacMillan, 1961).

Marx, Karl, "Essay on the Jewish Question"; "Introduction to the Contribution to the Critique of Hegel's Philosophy of Right"; "The German Ideology" in Robert C. Tucker (ed.), *The Marx-Engels Reader*, 2nd edition (New York: W.W. Norton, 1978).〔『ユダヤ人問題によせて　ヘーゲル法哲学批判序説』城塚登訳、岩波文庫、1974年／『ドイツ・イデオロギー（新編輯版）』廣松渉編訳、岩波文庫、2002年〕

Rostow, W.W., *The Stages of Economic Growth: A Non-Communist Manifesto* (1960; Cambridge: Cambridge University Press, 1990).〔『経済成長の諸段

【マ行】

【ヤ行】

【ラ行】

【ワ行】

【タ行】

【ナ行】

【ハ行】

索引

【著者】

リア・グリーンフェルド（Liah Greenfeld）

ボストン大学ユニヴァーシティー・プロフェッサー（社会学・政治学・人類学）。ヘブライ大学においてPh.D.取得。ハーバード大学准教授などを経て、現職。著書に「ナショナリズム三部作」（*Nationalism: Five Roads to Modernity; The Spirit of Capitalism: Nationalism and Economic Growth; Mind, Modernity, Madness: The Impact of Culture on Human Experience.* いずれもHarvard University Press）など多数の著作・論文を発表している。

【訳者】

小坂恵理（こさか・えり）

翻訳家。慶應義塾大学文学部英米文学部科卒業。主な訳書にダイヤモンド&ロビンソン『歴史は実験できるのか』（慶應義塾大学出版会）、ファン・ロイ&ファイン『人を動かすルールをつくる』（みすず書房）、ヴィンス『気候崩壊後の人類大移動』（河出書房新社）など多数。

【解説者】

張彧暋（ちょう・いくまん）

1977年香港生まれ。香港中文大学大学院社会学研究科博士課程修了。博士（社会学）。現在立命館大学国際関係学部准教授。著書に『鉄道への夢が日本人を作った——資本主義・民主主義・ナショナリズム』（山岡由美訳、朝日選書）、『香港——中国と向き合う自由都市』（共著、岩波新書）、『辺境の思想——日本と香港から考える』（共著、文藝春秋）などがある。

ナショナリズム入門

2023年11月4日　初版第1刷発行

著　者――――リア・グリーンフェルド
訳　者――――小坂恵理
発行者――――大野友寛
発行所――――慶應義塾大学出版会株式会社
〒108-8346　東京都港区三田2-19-30
TEL〔編集部〕03-3451-0931
〔営業部〕03-3451-3584〈ご注文〉
〔　〃　〕03-3451-6926
FAX〔営業部〕03-3451-3122
振替　00190-8-155497
https://www.keio-up.co.jp/
装　丁――――Malpu Design（清水良洋）
ＤＴＰ――――アイランド・コレクション
印刷・製本――中央精版印刷株式会社
カバー印刷――株式会社太平印刷社

Printed in Japan ISBN 978-4-7664-2775-2